100 Ideen

Gesund & Fit

100 Ideen

Gesund & Fit

garant

Unsere besten Rezepte – gesunde Küche

Eine ausgewogene und abwechslungsreiche Ernährung ist die wichtigste Grundlage einer gesunden Lebensweise. Leider wird in immer mehr Familien kaum noch richtig gekocht. Entweder erobern bequeme Fertiggerichte, welche so gut wie keine wertvollen Nährstoffe und Vitamine enthalten, die Küchen oder es wird viel zu einseitig und ungesund gekocht. Dabei sind die Hauptfehler bei den deutschen Essgewohnheiten nach wie vor, dass zu süß, zu salzig, zu fett und vor allem zu viel gegessen wird. In unserer Überflussgesellschaft werden viel mehr Kalorien aufgenommen, als für den heute üblichen bewegungsarmen Alltag notwendig wären.

Das Resultat der ungesunden Essgewohnheiten sind Krankheiten und Übergewicht, denn gerade bei unregelmäßiger Ernährung und Stress kann es schnell zu überschüssigen Pfunden kommen, die sich dann auf das Körperbefinden und die Wahrnehmung der eigenen Attraktivität ungünstig auswirken. In Deutschland haben mittlerweile über 65 % der Männer und etwa 55 % der Frauen Übergewicht. Die Folge dieser ungesunden Ernährung ist zudem ein erhöhtes Risiko, an Diabetes, Herz-Kreislauf-Krankheiten und bestimmten Krebsarten wie Dickdarmkrebs zu erkranken.

Dabei ist eine gesunde und ausgewogene Ernährung gar nicht schwierig. Wichtig ist, dass die alten eingefahrenen Gewohnheiten langsam und ganz behutsam verändert werden, da die Umstellung nicht leicht ist. Der Körper und die Seele brauchen Zeit, sich auf diese neue Ernährung einzustellen. Mit den Jahren gewöhnt sich ein jeder Körper an die jeweilige Ernährung, die Verdauung stellte sich entsprechend ein oder ist langsam geworden und der Stoffwechsel reagiert auf die zugeführte Nahrung, an die er sich angepasst hat. Um das wieder auf ein gesundes Niveau zu heben, braucht es Zeit und Geduld.

Wer seine Ernährung von heute auf morgen radikal umstellt und auf alle ungesunden Nahrungsmittel verzichten, die der Körper gewöhnt ist, wird mit Verdauungsproblemen und Heißhungerattacken zu kämpfen haben. Der Körper hat dann das Gefühl, auf alles Mögliche verzichten zu müssen, und das Verlangen nach der gewohnten Nahrung würde stärker und stärker werden. Geschieht die Umstellung Schritt für Schritt, ist die Rückfallgefahr in alte Ernährungsmuster eher gering, da die emotionale Belastung nicht so stark ist.

Für alle, die bewusster leben möchten, bietet dieses Buch die 100 besten und leckersten Rezepte für eine ausgewogene und gesunde Ernährung, die Ihnen gut tut und natürlich auch wunderbar schmeckt. Verwöhnen Sie sich, Ihre Familie und Ihre Freunde auf eine gesunde, leichte und köstliche Art. Bei den vielen verschiedenen Gerichten findet jeder für sich garantiert seine Lieblingsrezepte zum Nachkochen.

Ihre Redaktion

Rund um die gesunde Ernährung

Rindfleischtopf mit Rote Bete
Seite 26

Eintopf mit gelben Erbsen
Seite 40

Spargel-Erdbeer-Salat mit Himbeerdressing
Seite 60

Eine leichte, natürliche und ausgewogene Ernährung ist wichtig, damit der Körper gesund und fit bleibt. Schon Paracelsus sagte: „Aus der Nahrung kommt die Krankheit und die Heilung." Die einzelnen Wirkstoffe in der Nahrung stärken das Immunsystem und sorgen für Vitalität und Lebensfreude, während Übergewicht den Organismus belastet, die Lebensfreude nimmt und den Nährboden für Krankheiten bildet. Um bewusst und gesund zu essen, muss man wissen, wie die tägliche Kost zusammengesetzt sein sollte, was dem Körper gut tut und welche Nahrungsmittel man besser meiden sollte.

Bei der gesunden Ernährung kommt es vor allem darauf an, eine möglichst natürliche und abwechslungsreiche Kost zu sich zu nehmen, individuelle Vorlieben nicht zu verbieten und bei der Menge Maß zu halten. So verschiedenartig Menschen sind, so unterschiedlich sind auch die passenden Speisepläne. Verschiedene Faktoren wie Lebensmittelunverträglichkeiten, unterschiedlicher Energiebedarf und genetische Veranlagung beeinflussen, was für den Einzelnen gesund ist. Daher sollte ein jeder vor allem auf seinen Körper hören und sich bewusst nach Bedarf ernähren. Einige einfache Regeln helfen dabei, einen gesunden Plan für sich aufzustellen.

Je bunter und abwechslungsreicher die Speisen sind, desto besser ist es für den Körper. Um von allen Vitaminen und Mineralstoffen etwas aufzunehmen, sollten nicht immer die gleichen Obst- und Gemüsesorten auf dem Teller landen. Äpfel und Tomaten enthalten ganz andere Nährstoffe als Erdbeeren und Blumenkohl. Dies gilt auch für Nudeln, Reis oder Kartoffeln und Fleisch, Fisch oder Käse. Mit einer bunten, abwechselnden Speisekarte bekommt der Körper alle benötigten Nährstoffe, die er braucht, und es entsteht keine Langeweile auf dem Teller.

Aufgrund der Angewohnheit, immer seinen Teller leer zu essen, nehmen viele Menschen bei den Mahlzeiten viel zu viel zu sich. Dabei überlasten sie aber ihren Magen, die Verdauung wird träger und ein unangenehmes Völlegefühl entsteht. Der Magen braucht eine Weile, um zu signalisieren, dass er genug hat und ein Sättigungsgefühl empfindet. Daher empfiehlt es sich, vor den Mahlzeiten immer Wasser zu trinken und auf die Größe der Mahlzeiten zu achten. Genießen Sie lieber bewusst und Sie werden mehr Spaß am Essen haben. Wer Maß hält, braucht auf nichts zu verzichten und kann sich auch mal etwas Süßes oder einen anderen Leckerbissen gönnen.

Leider nehmen sich immer weniger Menschen wirklich Zeit für das Kochen und Essen. Hin- und hergerissen zwischen Terminen, Arbeit und anderen Verpflichtungen fehlt vielen bei dem Stress die Ruhe, sich bewusst Zeit fürs Kochen zu nehmen, und sie grei-

Rund um die gesunde Ernährung

fen lieber zu schnellen Snacks. Doch gerade die Zubereitung der Speisen aus frischen Zutaten ist wichtig, da man nur so wirklich bestimmen kann, was auf dem Teller landet. Zudem regt es den Appetit an, weckt Lust auf die vielfältigen Nahrungsmittel und schafft so das Bewusstsein für eine gesunde Ernährung. Doch auch beim Essen sollte man die Ruhe suchen. Ohne Zeitdruck, laufenden Fernseher oder andere Ablenkungen kann man seine Mahlzeiten viel bewusster genießen. Es empfiehlt sich, zwischendurch auch kleine Pausen einzulegen, so hat der Magen Zeit, dem Gehirn mitzuteilen, wann er satt ist. Genießen Sie Ihre Mahlzeit einfach mit allen Sinnen.

Für eine gesunde Ernährung sind möglichst naturbelassene Lebensmittel besser als stark verarbeitete Produkte oder gar Fertigprodukte. Wer sein Essen aus natürlichen Zutaten frisch zubereitet, kann ganz genau bestimmen, was er zu sich nimmt. Verarbeitete Produkte enthalten zudem weniger Nährstoffe als die ursprünglichen Lebensmittel. Auch künstliche Zusätze gleichen das meist nicht aus. Nährstoffe entfalten ihre Wirkung in der Regel am besten in ihrem natürlichen Zusammenhang. Mit regionalen Produkten aus der entsprechenden Saison kann man auch mit geringem Budget lecker und vor allem gesund kochen. Frisches Gemüse und Obst schmeckt viel besser als welches, das unreif geerntet wurde, einen weiten Transportweg hinter sich hat und dabei so gut wie alle seine Vitamine verloren hat.

Wer sich für eine gesunde und bewusste Ernährung entscheidet, um sich und seinem Körper etwas Gutes zu tun, sollte dies mit Ruhe und Geduld tun. Veränderungen der Essgewohnheiten brauchen Zeit. Wer von heute auf morgen sein gewohntes Essverhalten verändert, wird von Heißhungerattacken geplagt und über kurz oder lang leider scheitern.

Sinnvoller ist es, sich Zeit zu lassen und seine Ernährungsweise schrittweise umzustellen. Dabei sollte man mit den Gewohnheiten anfangen, auf die man am leichtesten verzichten kann, und stattdessen vielleicht etwas Neues versuchen. Es gibt so viele verschiedene Obst- und Gemüsesorten, bei denen es sich lohnt, sie bewusst in einem Gericht auszuprobieren. Wenn man dabei wirklich auf den Geschmack achtet, gewöhnt sich der Gaumen schneller an die neue Erfahrung. Und schmackhaftes Essen sollte die Basis jeder wertvollen Ernährung sein.

Wer gern wissen möchte, wie die täglichen Mahlzeiten mit Frühstück, Mittagessen, Abendessen und Zwischenmahlzeiten am besten zusammengesetzt sein sollten, kann sich dabei an der Ernährungspyramide orientieren. Sie stellt eine ausgewogene Mischkost dar, welche eine ausreichende Zufuhr von Energie sowie von lebensnotwendigen Nähr- und Schutzstoffen gewähr-

Avocados mit Schinkencreme Seite 72

Bunter Salat mit Linsenvinaigrette Seite 92

Gratinierter Blumenkohl mit Tomatensoße Seite 110

Rund um die gesunde Ernährung

Gemüserisotto
Seite 120

Spaghetti mit Garnelen und Blutorangen
Seite 164

leistet. Die Lebensmittel der unteren Pyramidenebenen sollen in größeren, die in den oberen Ebenen hingegen in kleineren Mengen gegessen werden. Das Gute dabei ist, nichts ist verboten. Allein die Menge ist entscheidend.

Das Wichtigste ist eine ausreichende Flüssigkeitszufuhr. Der Körper benötigt täglich mindestens 1,5 bis 2 Liter an Getränken, damit der Stoffwechsel optimal funktioniert. Besonders empfehlenswert als Durstlöscher sind dabei vor allem Mineralwasser, Saftschorlen, ungesüßte Früchte- und Kräutertees. Getreideprodukte sollten die Basis einer ausgewogenen Ernährung bilden. Kartoffeln, Brot, Cerealien, Nudeln und Reis liefern dem Menschen wertvolle Kohlenhydrate, Vitamine, Mineralstoffe und reichlich Ballaststoffe sowie sekundäre Pflanzenstoffe.

Produkte aus dem vollen Korn besitzen eine hohe Nährstoffdichte und enthalten weniger Energie als andere Getreideerzeugnisse. Obst und Gemüse mit ihren vielen gesundheitsfördernden Stoffen sollten unbedingt jeden Tag verzehrt werden. Drei Portionen Gemüse und zweimal täglich ein Stück Obst liefern genügend Vitamine für einen fitten Körper und enthalten dabei in der Regel wenige Kalorien. Die Obst- und Gemüsesorten können dabei roh, kurz gegart oder als Saft genossen werden. Sie passen als Beilage zu jeder Mahlzeit, eignen sich aber auch gut als Snack für zwischendurch.

Auf den täglichen Speiseplan gehören auch Milch, Milchprodukte und Käse mit etwa zwei Portionen am Tag. Sie liefern hochwertiges Eiweiß und viel Kalzium für feste und stabile Knochen. Wählen Sie möglichst fettarme Varianten dieser Lebensmittel. Ebenso Fisch, Fleisch, Wurst und Eier dürfen laut Ernährungspyramide auf einem ausgewogenen Speiseplan nicht fehlen. Allerdings reichen zwei bis drei Portionen Fleisch, zwei- bis dreimal Wurst und maximal drei Eier pro Woche für eine Versorgung mit Eiweiß, Eisen und anderen wichtigen Nährstoffen vollkommen aus.

Fische liefern dem Körper Jod und Omega-3-Fettsäuren und sollten pro Woche zweimal auf dem Tisch stehen. Öle und Fette sind lebensnotwendig, denn der Körper braucht sie, um fettlösliche Vitamine aufzunehmen, Hormone zu bilden und Zellwände aufzubauen. Aufgrund des Kaloriengehaltes müssen sie sparsam verwendet werden. Hochwertige Pflanzenöle wie Oliven- und Rapsöl enthalten wertvolle ungesättigte Fettsäuren, die der Körper selbst nicht herstellen kann. Eine Portion Süßes oder salzige Knabbereien am Tag darf man ohne schlechtes Gewissen genießen, denn sie gehören zum Leben einfach dazu.

· 100 ·
Ideen
Gesund & Fit

Kräuterschaumsuppe mit Pfannkuchenherzen

ZUTATEN

Für die Pfannkuchen:
250 g Mehl, 3 Eier
500 ml Milch, Salz
Öl zum Ausbacken

Für die Füllung:
250 g Brät
½ TL geriebene Zitronenschale
1 Ei
1 Prise Cayennepfeffer

Für die Suppe:
2 Zwiebeln
1 Knoblauchzehe
1 EL Butter
1 gehäufter EL Mehl
100 ml Weißwein
400 ml Brühe
100 ml süße Sahne
Pfeffer aus der Mühle
1 Prise Muskat
100 g frische Kräuter (Rucola, Basilikum, Kerbel)
2 EL Sahnemeerrettich

Außerdem:
Rucola zum Garnieren

ZUBEREITUNG

1. Die Pfannkuchenzutaten miteinander zu einem sämigen Teig verrühren, im erhitzten Öl dünne Pfannkuchen ausbacken und abkühlen lassen.

2. Für die Füllung die Zutaten miteinander glatt rühren. Die Füllung auf die Pfannkuchen streichen und diese aufeinanderstapeln.

3. In einer gefetteten Form zugedeckt bei 180–200 °C im Backofen garen, danach Herzen ausstechen.

4. Für die Suppe die Zwiebeln und den Knoblauch schälen, fein würfeln und in der erhitzten Butter glasig schwitzen.

5. Das Mehl einrühren. Wein, Brühe und Sahne angießen und das Ganze ca. 15 Minuten kochen lassen. Mit Salz, Pfeffer und Muskat kräftig abschmecken.

6. Die Kräuter verlesen, waschen, trocken tupfen, klein schneiden, dazugeben und die Suppe im Mixer oder mit dem Pürierstab pürieren.

7. Die Suppe darf nun nicht mehr kochen. Zum Schluss den Sahnemeerrettich einrühren.

8. Die Suppe in die Teller geben, die Pfannkuchenherzen einsetzen, mit Rucola garnieren und die Suppe sofort servieren.

Pro Portion: 537 kcal/2255 kJ
28 g E, 19 g F, 49 g KH

Variation:
Wenn Sie auf den Weißwein verzichten möchten, so sollen Sie dafür einen Fruchtsaft verwenden.

Menge:
Für 4 Personen:

Schwierigkeit:
leicht

Zubereitungszeit:
60 Minuten

Tipp:
Kräuter und auch Gewürze sind nicht nur besonders wichtig, um den frisch zubereiteten Speisen den gewünschten Geschmack zu verleihen, sie haben auch eine für die Gesundheit positive Wirkung. Fast alle Kräuter unterstützen unsere Gesundheit und haben sich als Hausmittel gegen diverse Leiden bewährt. Sie tragen zudem zur Vitamin- und Mineralstoffversorgung bei. Ausschlaggebend dafür sind die Inhaltsstoffe wie ätherische Öle, Bitter-, Gerb- oder Farbstoffe.

Süss-scharfe Suppe

ZUTATEN

250 g Schweinefleisch
1 Knoblauchzehe
1 Zwiebel
1 rote Chilischote
4 EL Sojasoße
3 EL Sesamöl
30 g eingeweichte, getrocknete schwarze Pilze (Mu-Err-Pilze)
1 l Gemüse- oder Fleischbrühe
Speisestärke zum Binden
1 Glas Sojasprossenkeimlinge
200 g Tofu
Salz, Pfeffer aus der Mühle
½ TL Ingwerpulver
1 EL Palmzucker

Außerdem:
2 Frühlingszwiebeln
Koriandergrün zum Garnieren

ZUBEREITUNG

1. Das Schweinefleisch unter fließendem Wasser waschen, trocken tupfen, in Streifen schneiden und in eine Schüssel geben.

2. Die Knoblauchzehe und die Zwiebel schälen, in Scheiben schneiden, die Chilischote halbieren, entkernen, waschen, fein hacken, mit dem Knoblauch und der Zwiebel zum Fleisch geben.

3. Das Ganze mit der Sojasoße beträufeln und im Kühlschrank mindestens eine Stunde marinieren. Anschließend das Sesamöl in einem Wok erhitzen und das Fleisch darin unter Rühren braten.

4. Das Gemüse mit der Marinade angießen, die eingeweichten und klein geschnittenen Pilze dazugeben, kurz dünsten und die Gemüse- oder Fleischbrühe angießen.

5. Die Suppe bei mäßiger Hitze 15–20 Minuten köcheln lassen und mit etwas angerührter Speisestärke binden.

6. Die abgetropften Sojasprossenkeimlinge und den in Würfel geschnittenen Tofu dazugeben und nochmals 10 Minuten garen.

7. Die Suppe mit Salz, Pfeffer, Ingwerpulver und Palmzucker abschmecken und in Schälchen dekorativ anrichten.

8. Mit den geputzten, gewaschenen und klein geschnittenen Frühlingszwiebeln bestreuen, mit Koriandergrün garnieren und sofort servieren.

Pro Portion: 357 kcal/1499 kJ
28 g E, 21 g F, 8 g KH

Variation:
Statt der getrockneten Pilze können Sie auch frische verwenden. Diese frischen chinesischen Pilze bietet der Handel immer wieder als Sonderangebote an.

Menge:
Für 4 Personen:

Schwierigkeit:
leicht

Zubereitungszeit:
50 Minuten

Tipp:
Beim Putzen frischer Chilischoten sollte man Haushaltshandschuhe tragen und die Schoten unter fließendem Wasser entkernen. Der Saft der Chilis ist sehr scharf, brennt auf der Haut und ist selbst nach mehrmaligem Waschen nur schwer zu entfernen.

Feines Kräutersüppchen

ZUTATEN

1 TL Butter
1 Zwiebel
2–3 EL Haferflocken
500 ml Gemüsebrühe
100 g gemischte Kräuter (Estragon, Dill, Petersilie, Schnittlauch)
200 ml Sahnedickmilch
Salz, Pfeffer aus der Mühle
1 Prise Cayennepfeffer
einige Tropfen Zitronensaft
1 Prise Zucker

Außerdem:
4 wachsweich gekochte Eier
100 g saure Sahne
100 g Knoblauchcroûtons
Kräuterzweige zum Garnieren

ZUBEREITUNG

1. Die Butter in einem Topf erhitzen. Die Zwiebel schälen, fein würfeln, ins Fett geben und glasig schwitzen.

2. Die Haferflocken unterrühren und mit der Gemüsebrühe aufgießen.

3. Die verlesenen, gewaschenen und fein gehackten Kräuter mit der Sahnedickmilch in die Suppe geben und das Ganze bei mäßiger Hitze 4–5 Minuten köcheln lassen.

4. Die Suppe mit Salz, Pfeffer, Cayennepfeffer, Zitronensaft und Zucker kräftig abschmecken und im Mixer oder mit dem Pürierstab kurz durchmixen.

5. Die Suppe nochmals erhitzen, nachwürzen und dekorativ anrichten. Die Eier pellen, halbieren und in die Suppe einsetzen.

6. Die saure Sahne mit dem Schneebesen glatt rühren und je einen Klacks auf die Suppe geben, diese mit Knoblauchcroûtons bestreuen, mit Kräuterzweigen garnieren und sofort servieren.

Pro Portion: 287 kcal/1205 kJ
12 g E, 15 g F, 23 g KH

Tipp:
Auch wenn Sie nicht die Möglichkeit haben, täglich einzukaufen, kaufen Sie nicht mehr, als Sie in 2–3 Tagen verbrauchen können, und lagern Sie das Gemüse im Gemüsefach Ihres Kühlschranks.

Kräuter:
Kräuter enthalten neben vielen Vitaminen und Mineralstoffen noch weitere Stoffe, die sie so geeignet für das Kochen machen. Sehr wichtig sind die ätherischen Öle, durch welche die Kräuter ihr intensives Aroma entfalten. Mit ihrem würzigen Geschmack können Kräuter beim Zubereiten der Gerichte zum Teil das Salz ersetzen und so zu einer natriumärmeren Ernährung beitragen. Die weiteren Inhaltstoffe wie Harze, Bitter- und Gerbstoffe, organische Säuren und Enzyme zählen zu den sekundären Pflanzenstoffen. Diese können den menschlichen Organismus in der Verdauung unterstützen, das Immunsystem anregen, antibakteriell und entzündungshemmend wirken, den Cholesterinspiegel senken und vieles mehr.

Menge:
Für 4 Personen:

Schwierigkeit:
leicht

Zubereitungszeit:
20 Minuten

Brokkolitopf mit Lachs

ZUTATEN

500 g Lachsfilet
einige Tropfen Zitronensaft
einige Tropfen Worcestersoße
Salz, Pfeffer aus der Mühle
500 g Brokkoliröschen
4 Kartoffeln
1 TL Butter
1 Bund Frühlingszwiebeln
1 ½ l Gemüsebrühe
Salz, Pfeffer aus der Mühle
1 Prise Muskat
1 Prise Cayennepfeffer
1 TL Butter
4 Tomaten
1 Bund Basilikum

Menge:
Für 4 Personen:

Schwierigkeit:
leicht

Zubereitungszeit:
40 Minuten

ZUBEREITUNG

1. Das Lachsfilet waschen, trocken tupfen und würfeln. Mit Zitronensaft und Worcestersoße beträufeln, salzen und pfeffern und 10 Minuten im Kühlschrank ziehen lassen.

2. Die Brokkoliröschen verlesen und waschen. Kartoffeln schälen, waschen und in Scheiben schneiden. Butter erhitzen. Die Frühlingszwiebeln waschen, in Ringe schneiden, ins Fett geben und glasig schwitzen.

3. Die Kartoffelscheiben hinzufügen, mitschwitzen und mit der Brühe aufgießen. Die Brokkoliröschen in die Suppe geben, mit Salz, Pfeffer, Muskat und Cayennepfeffer abschmecken und 10 Minuten garen. Die Lachswürfel in die Suppe einlegen und bei mäßiger Hitze in 10 Minuten gar ziehen lassen.

4. Die Butter erhitzen. Die Tomaten enthäuten, entkernen, würfeln, ins Fett geben und anschwitzen. Das Basilikum verlesen, in Streifen schneiden, zu den Tomaten geben und kurz anschwitzen. Mit Salz, Pfeffer und Cayennepfeffer würzen. Den Eintopf dekorativ anrichten, mit den Basilikumtomaten überziehen, garnieren und sofort servieren.

Pro Portion: 417 kcal/1751 kJ
32 g E, 22 g F, 15 g KH

Spargelrahmsuppe

(ohne Abbildung)

ZUTATEN

500 g Spargel, 1 Zwiebel
1 EL Butter, 1 Schuss Weißwein
375 ml Gemüsebrühe
100 g Frischkäse
½ Becher Sahnedickmilch
Salz, Pfeffer aus der Mühle
einige Tropfen Zitronensaft
einige Tropfen Worcestersoße
1 Prise Cayennepfeffer
geschlagene Sahne, Spargelstückchen und Dillzweige zum Garnieren

ZUBEREITUNG

1. Den Spargel putzen, dünn schälen und in kleine Stücke schneiden. Die Zwiebel schälen und in feine Würfel schneiden.

2. Die Butter in einem Topf erhitzen, die Zwiebel und den Spargel dazugeben und kurz anschwitzen.

3. Mit Weißwein ablöschen und mit der Gemüsebrühe aufgießen. Bei mäßiger Hitze 15–20 Minuten köcheln lassen. Die Suppe pürieren und erneut erhitzen.

4. Den Frischkäse und die Sahnedickmilch vorsichtig in die Suppe einrühren und das Ganze mit Salz, Pfeffer, Zitronensaft, Worcestersoße und Cayennepfeffer kräftig abschmecken.

5. Die Suppe dekorativ anrichten, mit geschlagener Sahne überziehen, mit Spargelstückchen und Dill garnieren und sofort servieren.

Pro Portion: 208 kcal/879 kJ
7,5 g E, 15,3 g F, 7,4 g KH

Menge:
Für 4 Personen:

Schwierigkeit:
leicht

Zubereitungszeit:
30 Minuten

Kartoffeltopf mit Bohnen

ZUTATEN

500 g Kartoffeln
1 Zwiebel
2 Knoblauchzehen
1 TL Butterschmalz
1 EL Tomatenmark
125 ml Weißwein
1 l Gemüsebrühe
2 Lorbeerblätter
4 Debreziner oder Krakauer Würstchen
400 g grüne Bohnen (TK-Produkt)
1 TL gerebeltes Bohnenkraut
1 TL gerebelter Majoran
Salz, Pfeffer aus der Mühle
1 Prise Cayennepfeffer
1 Prise Muskat
1 Bund Petersilie

Menge:
Für 4 Personen:

Schwierigkeit:
leicht

Zubereitungszeit:
40 Minuten

ZUBEREITUNG

1. Kartoffeln schälen, waschen und würfeln. Zwiebel und Knoblauch schälen und in Würfel schneiden. Schmalz in einem Topf erhitzen, die Zwiebel und den Knoblauch dazugeben und kurz anschwitzen.

2. Die Kartoffeln hinzufügen und kurz mitschwitzen, das Tomatenmark einrühren. Wein und Brühe angießen und das Ganze zum Kochen bringen. Lorbeerblätter dazugeben und den Eintopf bei mäßiger Hitze 10–15 Minuten garen.

3. Die Debreziner oder Krakauer in Scheiben schneiden, mit den Bohnen in den Eintopf geben und weitere 10 Minuten köcheln lassen.

4. Den Kartoffeltopf mit Bohnenkraut, Majoran, Salz, Pfeffer, Cayennepfeffer und Muskat kräftig abschmecken, dekorativ anrichten, mit der verlesenen, gewaschenen und gehackten Petersilie bestreuen, garnieren und sofort servieren.

Pro Portion: 239 kcal/1004 kJ
10 g E, 6 g F, 27 g KH

Feine Karottenrahmsuppe

(ohne Abbildung)

ZUTATEN

1–2 EL Butter
1 Zwiebel
500 g Karotten
2 Knoblauchzehen
2 EL Tomatenmark
375 ml Gemüsebrühe
100 ml süße Sahne
Salz, Pfeffer aus der Mühle
1 EL Curry
1 Prise Cayennepfeffer
geschlagene Sahne, Mandelsplitter und Melisseblättchen zum Garnieren

ZUBEREITUNG

1. Die Butter erhitzen und die geschälte, gehackte Zwiebel darin glasig schwitzen.

2. Die Karotten schälen, in Würfel schneiden, zur Zwiebel geben und kurz mitschwitzen.

3. Die Knoblauchzehen schälen, hacken, zu den Karotten geben und mitschwitzen.

4. Das Tomatenmark mit einem Kochlöffel einrühren und die Brühe angießen. Bei mäßiger Hitze 10–15 Minuten köcheln lassen.

5. Die Suppe pürieren und erhitzen. Die Sahne einrühren, mit den Gewürzen abschmecken.

6. Die Suppe dekorativ anrichten, mit je einem Klacks geschlagener Sahne überziehen, mit Mandelsplittern bestreuen, mit Melisseblättchen garnieren und sofort servieren.

Pro Portion: 201 kcal/843 kJ
4 g E, 15 g F, 11 g KH

Menge:
Für 4 Personen:

Schwierigkeit:
leicht

Zubereitungszeit:
30 Minuten

Hühnersuppe mit Reis und Gemüse

ZUTATEN

1 kleines Suppenhuhn
1,5 l Gemüsebrühe
2 Bund Suppengemüse
2 Petersilienwurzeln
je 2 Zweige Petersilie und Selleriegrün
2–3 Lorbeerblätter
einige Nelken
einige Pfefferkörner
1 Zwiebel
Salz, Pfeffer aus der Mühle
1 Prise Muskat
1 Prise Cayennepfeffer

Außerdem:
1 rote Paprikaschote
1 kleine Stange Lauch
400 g Brokkoliröschen
200 g bissfest gegarter Reis
1 Bund Schnittlauch

Variation:

Eine TK-Gemüsemischung sollte man immer nur dann verwenden, wenn es einmal schnell gehen soll. Besser ist es frisches Gemüse zu verarbeiten. Für einen Eintopf wird dann das Gemüse nach dem Säubern gewaschen, in feine Würfel geschnitten und in Salzwasser oder Gemüsebrühe blanchiert.

Menge:
Für 4 Personen:

Schwierigkeit:
leicht

Zubereitungszeit:
120 Minuten

ZUBEREITUNG

1. Das Suppenhuhn unter fließendem Wasser waschen und trocken tupfen. Die Gemüsebrühe in einem Topf zum Kochen bringen und das Suppenhuhn einlegen.

2. Das Suppengemüse und die Petersilienwurzeln putzen und in Stücke schneiden. Mit den Kräuterzweigen, den Lorbeerblättern, den Nelken und den Pfefferkörnern zum Huhn geben.

3. Die Zwiebel halbieren und die Schnittflächen in einer trockenen, heißen Pfanne so lange rösten, bis sie dunkel sind. Die Zwiebel mit der Schale zum Huhn geben.

4. Mit Salz, Pfeffer, Muskat und Cayennepfeffer würzen und bei mäßiger Hitze in 1 ½–2 Stunden gar ziehen lassen.

5. Anschließend das Suppenhuhn herausnehmen, gut abtropfen lassen, das Fleisch von den Knochen lösen und in mundgerechte Stücke schneiden.

6. Die Brühe durch ein feines Sieb oder durch ein sauberes Küchentuch passieren, wieder in den Topf geben und erhitzen. Die Paprikaschote halbieren, entkernen, waschen und in Streifen schneiden.

7. Den Lauch putzen, waschen und in Scheiben schneiden. Das Gemüse mit den verlesenen, gewaschenen Brokkoliröschen in die Brühe geben und bei mäßiger Hitze 15 Minuten gar ziehen lassen.

8. Das Hühnerfleisch mit dem Reis in die Brühe geben und erhitzen.

9. Die Hühnersuppe mit Salz, Pfeffer, Muskat und Cayennepfeffer nachwürzen, dekorativ anrichten, mit dem verlesenen, gewaschenen und grob geschnittenen Schnittlauch bestreuen und sofort servieren.

Pro Portion: 247 kcal/1037 kJ
22 g E, 8 g F, 18 g KH

Brokkolisuppe mit Buttermilch

ZUTATEN

500 g Brokkoliröschen
1 Zwiebel
2 Knoblauchzehen
1 EL Butter
375 ml Buttermilch
1 Schuss süße Sahne
Salz, Pfeffer aus der Mühle
1 Prise Muskat
1 Prise Cayennepfeffer
1 Prise Ingwerpulver
geschlagene Sahne, Brokkoliröschen und Petersilie zum Garnieren

Menge:
Für 4 Personen:

Schwierigkeit:
leicht

Zubereitungszeit:
30 Minuten

ZUBEREITUNG

1. Die Brokkoliröschen verlesen, waschen und nach Bedarf klein schneiden.

2. Die Zwiebel und die Knoblauchzehen schälen und hacken. Die Butter erhitzen, die Zwiebel und den Knoblauch darin anschwitzen. Den Brokkoli dazugeben und mitschwitzen.

3. Die Buttermilch angießen und das Ganze bei mäßiger Hitze 15–20 Minuten köcheln lassen. Die Suppe pürieren und erneut erhitzen, mit Sahne verfeinern.

4. Die Suppe mit Salz, Pfeffer, Muskat, Cayennepfeffer und Ingwerpulver kräftig abschmecken und dekorativ anrichten.

5. Mit je einem Klacks geschlagener Sahne überziehen, mit Brokkoliröschen und Petersilienzweigen garnieren und sofort servieren.

Pro Portion: 162 kcal/681 kJ
9 g E, 9 g F, 10 g KH

Zucchinisuppe

(ohne Abbildung)

ZUTATEN

4 große Zucchini
2 Zwiebeln, 2 Knoblauchzehen
1 TL Butter
1 l Gemüsebrühe
1 Becher Sahnedickmilch
Salz, Pfeffer aus der Mühle
1 Prise Muskat
1 Prise Curry
4 TL saure Sahne
Kräuterzweige zum Garnieren

Menge:
Für 4 Personen:

Schwierigkeit:
leicht

Zubereitungszeit:
30 Minuten

ZUBEREITUNG

1. Die Zucchini waschen, trocken tupfen und mithilfe des Gemüsehobels grob raspeln.

2. Die Zwiebeln und die Knoblauchzehen schälen und fein hacken. Die Butter in einer Pfanne erhitzen und Zwiebeln und Knoblauch darin glasig schwitzen.

3. Die Zucchini dazugeben, kurz mitschwitzen, die Gemüsebrühe angießen und alles 10–15 Minuten köcheln lassen.

4. Die Sahnedickmilch einrühren, das Ganze einmal aufkochen lassen und mit Salz, Pfeffer, Muskat und Curry abschmecken.

5. Die Zucchinisuppe dekorativ anrichten, je 1 TL saure Sahne in die Mitte setzen, mit Kräuterzweigen garnieren und sofort servieren.

Pro Portion: 133 kcal/559 kJ
5 g E, 8 g F, 10 g KH

Rindfleischtopf mit Rote Bete

ZUTATEN

500 g Rindfleisch
1 EL Butterschmalz
1 Zwiebel
2 Karotten
200 ml Rote-Bete-Saft
800 ml Gemüse- oder Fleischbrühe
1–2 Lorbeerblätter
1 TL Kümmel
1–2 EL Paprikapulver edelsüß
1 TL Fenchelsamen
Salz, Pfeffer aus der Mühle
1 Prise Muskat
300 g Kartoffeln
300 g Rote Bete

Außerdem:
200 g Sauerrahm
1 Becher Crème fraîche
Kräuterzweige zum Garnieren

Tipp:

Rote Bete sind hauptsächlich als Salat bekannt, halten aber in jüngster Zeit immer mehr Einzug in die Gemüseküche. Sie werden gewaschen und in Salzwasser bissfest gegart (mit einer Gabel oder einem Holzstäbchen einstechen!) und anschließend erst geschält. So können sie weiterverarbeitet werden. Übrigens: Rote Bete lieben den Kümmel als Gewürz!

Menge:
Für 4 Personen:

Schwierigkeit:
mittel

Zubereitungszeit:
90 Minuten

ZUBEREITUNG

1. Das Rindfleisch unter fließendem Wasser waschen, trocken tupfen und in mundgerechte Würfel schneiden.

2. Das Butterschmalz in einem Topf erhitzen und das Fleisch darin unter ständigem Rühren anbraten.

3. Die Zwiebel und die Karotten schälen, in Würfel schneiden, zum Fleisch geben und kurz braten.

4. Den Rote-Bete-Saft und die Brühe angießen. Die Lorbeerblätter, den Kümmel, das Paprikapulver und den Fenchelsamen dazugeben.

5. Mit Salz, Pfeffer und Muskat würzen und bei mäßiger Hitze 40–50 Minuten garen.

6. Die Kartoffeln schälen und in Würfel schneiden, nach Ende der Garzeit in den Eintopf geben und weitere 10–15 Minuten garen.

7. Die Rote Bete schälen und in Würfel schneiden, in den Eintopf geben und weitere 10–15 Minuten garen.

8. Nach Ende der Garzeit den Sauerrahm einrühren. Mit Salz, Pfeffer und Muskat nachwürzen.

9. Den Rindfleischtopf dekorativ anrichten, mit je einem Klacks Crème fraîche überziehen, mit Kräuterzweigen garnieren und sofort servieren.

Pro Portion: 392 kcal/1646 kJ
33 g E, 15 g F, 25 g KH

Karotten-Orangensuppe mit Curry

ZUTATEN

500 g Karotten
1 Zwiebel
1 TL Butter
2–3 EL Haferflocken
1 EL Curry
250 ml Orangensaft
250 ml Gemüsebrühe
Salz, Pfeffer aus der Mühle
1 Prise Muskat
1 Prise Cayennepfeffer
1 Prise Zucker
Speisestärke zum Binden

Außerdem:
1 TL Butter
2 Karotten
2 Orangen
100 g saure Sahne
Kräuterzweige zum Garnieren

Variation:
Sehr gut schmeckt die Karotten-Orangensuppe, wenn Sie noch ein Stück frisch geriebene Ingwerwurzel in die Suppe geben.

Menge:
Für 4 Personen:

Schwierigkeit:
mittel

Zubereitungszeit:
30 Minuten

ZUBEREITUNG

1. Die Karotten schälen und in feine Würfel schneiden. Die Zwiebel schälen und würfeln.

2. Die Butter in einem Topf erhitzen, die Zwiebel und die Karotten darin glasig schwitzen.

3. Mit Haferflocken und Curry bestreuen und kurz garen. Den Orangensaft und die Gemüsebrühe angießen.

4. Mit Salz, Pfeffer, Muskat, Cayennepfeffer und Zucker würzen und bei mäßiger Hitze 12–15 Minuten köcheln lassen.

5. Die Karotten-Orangensuppe im Mixer oder mit dem Pürierstab pürieren und erneut erhitzen. Mit etwas angerührter Speisestärke leicht binden und nachwürzen.

6. Die Butter in einer Pfanne erhitzen. Die restlichen Karotten schälen, in feine Streifen schneiden, ins Fett geben und kurz dünsten.

7. Die Orangen großzügig schälen, filieren und zu den Karottenstreifen geben. Die saure Sahne mit Salz, Pfeffer, Muskat und Cayennepfeffer abrunden.

8. Die Karotten-Orangensuppe dekorativ anrichten, mit den Orangen-Karotten belegen, mit je einem Klacks saurer Sahne überziehen, mit Kräuterzweigen garnieren und sofort servieren.

Pro Portion: 146 kcal/613 kJ
4 g E, 6 g F, 18 g KH

Budapester Topf

ZUTATEN

500 g breite, grüne Bohnen
Salzwasser
3–4 Kartoffeln
je 1 rote, gelbe und grüne Paprikaschote
1 Gemüsezwiebel
2 EL Rapsöl
300 ml Gemüse- oder Fleischbrühe
100 ml passierte Tomaten
6 EL Tomatenketchup
Salz, Pfeffer aus der Mühle
1 TL Paprikapulver edelsüß
1 TL Curry, 1 Zucchini
1 große Dose weiße Bohnen in Tomatensoße
100 g saure Sahne
Kräuterzweige zum Garnieren

Menge:
Für 4 Personen:

Schwierigkeit:
leicht

Zubereitungszeit:
45 Minuten

ZUBEREITUNG

1. Die Bohnen verlesen, waschen, abtropfen lassen und in Stücke schneiden. Salzwasser erhitzen und die Bohnen darin 10 Minuten garen, abtropfen lassen und bereitstellen.

2. Die Kartoffeln schälen und in Stücke schneiden. Die Paprikaschoten halbieren, entkernen, waschen und in Stücke schneiden. Die Gemüsezwiebel schälen, fein hacken.

3. Rapsöl erhitzen. Zwiebel, Paprika und Kartoffeln dazugeben und anschwitzen. Brühe, Tomaten und Ketchup einrühren. Mit Salz, Pfeffer, Paprika und Curry abschmecken und 15 Minuten garen.

4. Grüne Bohnen und die geputzte, klein geschnittene Zucchini dazugeben und 10 Minuten köcheln lassen.

5. Weiße Bohnen und saure Sahne unterrühren, erhitzen, dekorativ anrichten, mit Kräuterzweigen garnieren und sofort servieren.

Pro Portion: 279 kcal/1172 kJ
11 g E, 12 g F, 28 g KH

Deftiger Rindfleischtopf

(ohne Abbildung)

ZUTATEN

400 g Suppenfleisch
1 l Gemüse- oder Fleischbrühe
1 gespickte Zwiebel (Lorbeer und Nelken)
einige Wacholderbeeren
Salz, Pfeffer aus der Mühle
Cayennepfeffer, Muskat
500 g Kartoffeln
250 g Karotten
1 Stück Staudensellerie (ca. 250 g)
½ Kopf Weißkohl (ca. 500 g)
½ Bund Petersilie

ZUBEREITUNG

1. Das Suppenfleisch unter fließendem Wasser waschen und trocken tupfen. Die Gemüse- oder Fleischbrühe in einem Topf zum Kochen bringen.

2. Das Suppenfleisch, die gespickte Zwiebel und die Wacholderbeeren dazugeben, mit Salz, Pfeffer, Cayennepfeffer und Muskat würzen und bei mäßiger Hitze in 1 ½ Stunden garen.

3. Nach Ende der Garzeit das Fleisch aus dem Sud nehmen und in Würfel schneiden. Den Kochsud in einen Topf seihen und erneut erhitzen.

4. Die Kartoffeln und die Karotten schälen, in Würfel oder in Scheiben schneiden. Den Staudensellerie putzen und in Scheiben schneiden.

5. Den Weißkohl putzen, waschen und in feine Streifen schneiden. Das Gemüse mit dem Fleisch in den Kochsud geben und weitere 30–40 Minuten garen.

6. Nach Ende der Garzeit den deftigen Rindfleischtopf nachwürzen, dekorativ anrichten, mit der verlesenen, gewaschenen und fein gehackten Petersilie bestreuen und sofort servieren.

Pro Portion: 340 kcal/1428 kJ
29 g E, 8 g F, 32 g KH

Menge:
Für 4 Personen:

Schwierigkeit:
leicht

Zubereitungszeit:
120 Minuten

Gulasch-Gemüsetopf

ZUTATEN

400 g Schweinegulasch
2 große Zwiebeln
2 Knoblauchzehen
1 TL Olivenöl
2 EL Tomatenmark
750 ml Gemüse- oder Fleischbrühe
1 EL Paprikapulver edelsüß
1 EL gemahlener Kümmel
2 Lorbeerblätter
je 1 Zweig Thymian und Rosmarin
500 g Kartoffeln
500 g Karotten
½ Kopf Weißkraut
Salz, Pfeffer aus der Mühle
1 Prise Cayennepfeffer

Außerdem:
Kräuterzweige zum Garnieren

ZUBEREITUNG

1. Das küchenfertige Schweinegulasch unter fließendem Wasser waschen und trocken tupfen.

2. Die Zwiebeln und die Knoblauchzehen schälen, fein würfeln oder in Scheiben schneiden.

3. Das Olivenöl in einem Topf erhitzen. Zuerst das Fleisch darin unter ständigem Rühren Farbe nehmen lassen. Die Zwiebeln und den Knoblauch dazugeben und kurz mitbraten.

4. Das Tomatenmark einrühren und kurz rösten. Mit der Gemüse- oder Fleischbrühe aufgießen und zum Kochen bringen.

5. Paprika, Kümmel, Lorbeerblätter und Kräuterzweige zum Gulasch geben und das Ganze bei mäßiger Hitze 30–40 Minuten garen.

6. In der Zwischenzeit die Kartoffeln und die Karotten schälen und in mundgerechte Würfel schneiden. Das Weißkraut putzen, waschen und in Streifen schneiden.

7. Das Gemüse zum Fleisch geben und weitere 20–25 Minuten garen.

8. Nach Ende der Garzeit den Gulasch-Gemüsetopf mit Salz, Pfeffer und Cayennepfeffer abschmecken, dekorativ anrichten, mit Kräuterzweigen garnieren und sofort servieren.

Pro Portion: 345 kcal/1449 kJ
26 g E, 10 g F, 33 g KH

Variation:
Statt des Schweinegulasches können Sie auch sehr gut Puten- oder Hähnchengulasch verwenden.

Petersilie:
Die Petersilie ist Grundprodukt für viele Rezepte, ob in der südländischen oder nordischen Küche. Petersilie ist eines der wenigen Kräuter, bei denen auch der Stängel verarbeitet werden kann. Die Stängel werden meistens in Brühen, Soßen und für Grundsoßenansätze verwendet. Die gehackten Blätter dagegen kommen in Salaten, Suppen, Fleischfüllungen, Eintöpfen, hellen Soßen, braunen Soßen, Tunken, Marinaden, Eierspeisen und für viele Gemüse- und Kartoffelrezepte zur Anwendung.

Menge:
Für 4 Personen:

Schwierigkeit:
leicht

Zubereitungszeit:
75 Minuten

Spätzletopf mit Linsen

ZUTATEN

300 g Linsen
50 g gekochter Schinken
1 Zwiebel
2 Karotten
1 EL Butterschmalz
500 ml Gemüse- oder Fleischbrühe
500 ml Bratensaft
1–2 Lorbeerblätter
75 ml Obstessig
Salz, Pfeffer aus der Mühle
1 Prise Zucker
Speisestärke zum Binden

Außerdem:
600 g gegarte Spätzle
1 Bund Petersilie
Kräuterzweige zum Garnieren

ZUBEREITUNG

1. Die Linsen waschen, mit Wasser in eine Schüssel geben und über Nacht einweichen.

2. Den Schinken in feine Würfel schneiden. Die Zwiebel und die Karotten schälen und fein würfeln.

3. Das Butterschmalz in einem Topf erhitzen und den Schinken darin unter ständigem Rühren anbraten.

4. Die Zwiebel- und die Karottenwürfel dazugeben und kurz braten.

5. Die abgetropften Linsen hinzufügen und mitschwitzen. Die Brühe und den Bratensaft angießen und zum Kochen bringen.

6. Die Lorbeerblätter und den Obstessig untermischen. Mit Salz, Pfeffer und Zucker würzen und bei mäßiger Hitze 40–45 Minuten garen.

7. Nach Ende der Garzeit den Eintopf nachwürzen und mit etwas angerührter Speisestärke binden.

8. Die bissfest gegarten Spätzle untermischen und erhitzen. Den Spätzletopf mit Linsen dekorativ anrichten, mit der verlesenen, gewaschenen und fein geschnittenen Petersilie bestreuen, mit Kräuterzweigen garnieren und sofort servieren.

Pro Portion: 392 kcal/1646 kJ
16 g E, 19 g F, 34 g KH

Tipp:

Lagern Sie Gemüse kühl und dunkel, da das Tageslicht Vitamine und Nährstoffe zerstört. Der beste Platz zum Aufbewahren ist ein kühler Keller oder das Gemüsefach des Kühlschrankes.

Menge:
Für 4 Personen:

Schwierigkeit:
leicht

Zubereitungszeit:
60 Minuten ohne Wartezeit

Kräuter:

Viele Kräuter wie etwa Basilikum, Fenchel oder Lorbeer wirken sich besonders positiv auf den Magen-Darm-Trakt aus. Durch ihre besonderen Inhaltsstoffe helfen Kräuter wie Rosmarin oder Brennnessel bei verschiedenen Beschwerden wie Kreislauf- oder Durchblutungsproblemen. Oregano beispielsweise wirkt appetitanregend, Koriander gilt als magenstärkend und hilft bei Völlegefühl. Dill und Basilikum beruhigen die Nerven, Petersilie und Estragon entwässern und Salbei lindert Halsbeschwerden. Mit diesem Wissen werden auch heute die Wirkstoffe der Kräuter gern zur Heilung oder Linderung vieler Leiden und Krankheiten eingesetzt.

Vegetarischer Kürbistopf

ZUTATEN

2 Karotten
250 g Romanesco
200 g Sellerie
200 g Kartoffeln
1 Zwiebel
2 Knoblauchzehen
1 TL Butter
1 l Gemüsebrühe
Salz, Pfeffer aus der Mühle
1 Prise Muskat
1 Prise Cayennepfeffer
1 Prise Zucker
2 Lorbeerblätter
je 400 g Kürbisfruchtfleisch und Zucchini
100 g grüne Erbsen

Außerdem:
Kräuterzweige zum Garnieren

ZUBEREITUNG

1. Die Karotten schälen, waschen und in Scheiben schneiden. Den Romanesco verlesen, waschen, gut abtropfen lassen und in mundgerechte Stücke schneiden.

2. Den Sellerie und die Kartoffeln schälen und würfeln. Die Zwiebel und die Knoblauchzehen schälen und fein hacken.

3. Die Butter in einem Topf erhitzen. Das Gemüse mit den Zwiebeln und dem Knoblauch ins Fett geben und kurz anschwitzen.

4. Die Gemüsebrühe angießen und zum Kochen bringen. Mit Salz, Pfeffer, Muskat, Cayennepfeffer und Zucker abschmecken.

5. Die Lorbeerblätter einlegen und das Gemüse bei mäßiger Hitze 10–12 Minuten garen.

6. Das Kürbisfruchtfleisch in mundgerechte Würfel schneiden. Die Zucchini putzen, waschen und ebenfalls würfeln. Mit den Erbsen in den Eintopf geben und weitere 6–8 Minuten garen.

7. Nach Ende der Garzeit den vegetarischen Kürbistopf nochmals kräftig abschmecken, dekorativ anrichten, mit Kräuterzweigen garnieren und sofort servieren.

Pro Portion: 162 kcal/680 kJ
8 g E, 4 g F, 22 g KH

Kürbis:
Der Kürbis ist eher ein Stiefkind in unserer Küche, obwohl er ein erstklassiges Gemüse ist. Kürbis kann sehr vielseitig verwendet werden, er verfeinert Suppen und Eintöpfe, kann zu Marmelade verarbeitet werden und schmeckt auch süßsauer eingelegt hervorragend. Auch die Kerne schmecken lecker: Sie werden getrocknet und in einer Pfanne mit wenig Fett kurz geröstet.

Menge:
Für 4 Personen:

Schwierigkeit:
leicht

Zubereitungszeit:
35 Minuten

Gemüsegulasch mit Putenlyoner

ZUTATEN

2 Zwiebeln
1 Knoblauchzehe
je 1 rote, grüne und gelbe Paprikaschote
400 g bissfest gegarter Spargel
400 g Kartoffeln
1 TL Butter oder Margarine
1 Tasse Gemüsebrühe
1 TL gerebelter Majoran
1 TL gerebelter Rosmarin
1 TL Paprikapulver
1 TL Salz
375 ml gebundene Bratensoße
100 g Putenlyoner
1 kleine Dose geschälte Tomaten
200 g Dickmilch
Salz, Pfeffer aus der Mühle
1–2 Spritzer Tabasco
3 EL Schnittlauchröllchen

Außerdem:
8 Scheiben Vollkorn-Toastbrot

ZUBEREITUNG

1. Die Zwiebeln und die Knoblauchzehe schälen und in feine Würfel schneiden. Die Paprikaschoten halbieren, entkernen, waschen, gut abtropfen lassen und ebenfalls in Würfel schneiden.

2. Den Spargel in mundgerechte Stücke schneiden. Die Kartoffeln schälen, waschen und ebenfalls in Würfel schneiden.

3. Die Butter oder Margarine in einem Topf erhitzen und die Zwiebeln sowie den Knoblauch darin glasig schwitzen.

4. Das restliche Gemüse dazugeben und mitrösten, mit der Gemüsebrühe aufgießen und 15 Minuten kochen lassen.

5. Mit Majoran, Rosmarin, Paprikapulver und Salz kräftig würzen und die Bratensoße untermischen. Die Putenlyoner in Würfel schneiden und unterheben.

6. Die Tomaten mit der Flüssigkeit und der Dickmilch unter das Gulasch rühren, nochmals 10–15 Minuten erhitzen.

7. Nach Ende der Garzeit das Gemüsegulasch mit Salz, Pfeffer und Tabasco würzen, dekorativ anrichten, mit Schnittlauchröllchen bestreuen und mit Vollkorn-Toastbrot servieren.

Pro Portion: 571 kcal/2398 kJ
19 g E, 19 g F, 72 g KH

Gemüse zubereiten:

Wenn Sie viel Gemüse verzehren, sind Sie mit ausreichend Vitaminen und Mineralstoffen versorgt. Besonders in rohem Gemüse sind die Inhaltsstoffe reichlich enthalten. Durch das Kochen werden sie jedoch abgebaut, kochen Sie das Gemüse deshalb schonend und halten Sie es nicht über längere Zeit warm.

Menge:
Für 4 Personen:

Schwierigkeit:
leicht

Zubereitungszeit:
45 Minuten

Zwiebeln:

Auch hier gibt es viele verschiedene Sorten: die roten Zwiebeln, die Schalotten, die Silber- oder Perlzwiebeln, die Gemüsezwiebeln und die Lauchzwiebeln. Zwiebeln können sowohl roh als auch gekocht verwendet werden. Es ist zu empfehlen, die Zwiebeln grundsätzlich als Erstes in wenig Butter oder Margarine anzuschwitzen, denn so können sie das volle Aroma entfalten. Zwiebeln sollten erst kurz vor der Zubereitung geschält oder geputzt und klein geschnitten oder gewürfelt werden, da sie sehr schnell ihr charakteristisches Aroma verlieren.

Eintopf mit gelben Erbsen

ZUTATEN

500 g gelbe Erbsen
1 Zwiebel
2 Knoblauchzehen
1 TL Olivenöl
1 l Gemüsebrühe
1 TL gemahlener Fenchel
Salz, Pfeffer aus der Mühle
1 Prise Muskat
1 Prise Zucker
1 kleine Steckrübe (300 g)
2–3 Karotten
1 Bund Petersilie

Menge:
Für 4 Personen:

Schwierigkeit:
leicht

Zubereitungszeit:
75 Minuten ohne Wartezeit

ZUBEREITUNG

1. Die Erbsen waschen, in eine Schüssel mit Wasser geben und über Nacht einweichen, anschließend abgießen und abtropfen lassen. Die Zwiebel und die Knoblauchzehen schälen und fein würfeln.

2. Das Olivenöl erhitzen, die Zwiebel und den Knoblauch darin unter ständigem Rühren anschwitzen.

3. Die Erbsen dazugeben und mitschwitzen, die Gemüsebrühe angießen und zum Kochen bringen.

4. Das Fenchelpulver einrühren, den Eintopf mit Salz, Pfeffer, Muskat und Zucker kräftig würzen und bei mäßiger Hitze etwa 40–45 Minuten köcheln lassen.

5. Die Steckrübe und die Karotten schälen, waschen, in mundgerechte Stücke schneiden, in den Eintopf geben und weitere 10–15 Minuten garen.

6. Den Eintopf nachwürzen, anrichten, mit der verlesenen, gewaschenen und fein geschnittenen Petersilie bestreuen und servieren.

Pro Portion: 158 kcal/664 kJ
10 g E, 3 g F, 21 g KH

Petersiliensuppe

(ohne Abbildung)

ZUTATEN

250 g Petersilienwurzeln
250 g Kartoffeln
1 Zwiebel
1 TL Butter
2–3 EL Haferflocken
100 ml Weißwein
500 ml Gemüse- oder Geflügelbrühe
Salz, Pfeffer aus der Mühle
1 Prise Muskat
1 Prise Cayennepfeffer
200 ml Dickmilch
Speisestärke zum Binden
½ Bund Petersilie
Petersilienzweige zum Garnieren

ZUBEREITUNG

1. Die Petersilienwurzeln schälen, waschen und in grobe Würfel schneiden. Die Kartoffeln schälen, waschen und würfeln.

2. Die Zwiebel schälen und würfeln. Butter in einem Topf erhitzen und das Gemüse darin anschwitzen.

3. Mit Haferflocken bestäuben, den Weißwein und die Gemüse- oder Geflügelbrühe angießen. Die Suppe zum Kochen bringen, mit Salz, Pfeffer, Muskat und Cayennepfeffer würzen und bei mäßiger Hitze 15–18 Minuten köcheln lassen.

4. Nach Ende der Garzeit die Suppe im Mixer oder mit dem Pürierstab pürieren.

5. Mit der Dickmilch in einen Topf geben und erneut zum Kochen bringen.

6. Je nach Bedarf die Petersiliensuppe mit angerührter Speisestärke leicht binden. Ein Drittel der Suppe abnehmen und die verlesene, gewaschene und gehackte Petersilie unterrühren. Diese Suppe mit dem Pürierstab nochmals durchmixen.

7. Die beiden Suppen abschmecken, zuerst die weiße Petersiliensuppe in Suppenteller füllen und anschließend die grüne Suppe daraufgeben. Mit Petersilienzweigen garnieren und sofort servieren.

Pro Portion: 195 kcal/819 kJ
6 g E, 8 g F, 19 g KH

Menge:
Für 4 Personen:

Schwierigkeit:
leicht

Zubereitungszeit:
35 Minuten

Großmutters Hähnchentopf

ZUTATEN

200 g Hähnchenbrustfilet
Salz, Pfeffer aus der Mühle
1 Prise Cayennepfeffer
1 TL Butterschmalz
1 Zwiebel
2–3 Karotten
1 Stück Sellerie
400 g Kartoffeln
1 gelbe Paprikaschote
1,5 l Gemüse- oder Geflügelbrühe
2 Lorbeerblätter
einige Nelken
einige Wacholderbeeren
einige Pimentkörner
1 Prise Muskat

Außerdem:
300 g Eiernudeln (gewellte Bandnudeln)
250 g Kirschtomaten
Kräuterzweige zum Garnieren

Variation:

Statt der Hähnchenbrustfilets können Sie auch Putenbrust oder mageres Schweinefleisch verwenden.

ZUBEREITUNG

1. Das Hähnchenbrustfilet unter fließendem Wasser waschen, trocken tupfen und in mundgerechte Würfel schneiden. Mit Salz, Pfeffer und Cayennepfeffer würzen.

2. Das Butterschmalz in einem Topf erhitzen und das Fleisch darin unter ständigem Rühren kurz anbraten. Die Zwiebel schälen, fein würfeln, zum Fleisch geben und kurz mitbraten.

3. Die Karotten, den Sellerie und die Kartoffeln schälen, waschen und in mundgerechte Würfel schneiden.

4. Die Paprikaschote halbieren, entkernen, waschen und in Streifen oder Würfel schneiden. Das Gemüse zum Fleisch geben und mitbraten.

5. Die Brühe angießen und zum Kochen bringen. Die Lorbeerblätter, die Nelken, die Wacholderbeeren und die Pimentkörner dazugeben. Mit Salz, Pfeffer und Muskat würzen und den Eintopf bei mäßiger Hitze 40–50 Minuten garen.

6. Die Eiernudeln in den Eintopf geben und bei mäßiger Hitze in 8–10 Minuten bissfest garen.

7. Die Kirschtomaten waschen, den Strunk herausschneiden, die Tomaten halbieren, in den Eintopf geben und 6–8 Minuten köcheln lassen.

8. Großmutters Hähnchentopf nachwürzen, dekorativ anrichten, mit Kräuterzweigen garnieren und sofort servieren.

Pro Portion: 475 kcal/1995 kJ
23 g E, 6 g F, 75 g KH

Menge:
Für 4 Personen:

Schwierigkeit:
leicht

Zubereitungszeit:
75 Minuten

Kartoffeln:

Eine Kartoffel besteht etwa zu 15–20 % aus Stärke. Die weichen, mehligkochenden Sorten sind stärkereicher als die festkochenden oder die vorwiegend festkochenden Sorten. Stärke gehört zu den verwertbaren Kohlenhydraten. Im Gegensatz zum Zucker wird die Stärke langsam abgebaut und dem Körper verfügbar gemacht. Stärke- und ballaststoffreiche Lebensmittel sind nicht nur für zuckerkranke Menschen sehr wertvoll, auch für gesunde sind sie ein unverzichtbarer Bestandteil der täglichen Ernährung.

Garnelensuppe mit Gemüse

ZUTATEN

12 geschälte Scampi- oder Garnelenschwänze
einige Tropfen Zitronensaft
Salz, Pfeffer aus der Mühle
500 ml Fischbrühe
1 TL Olivenöl
1 Zwiebel
2–3 Knoblauchzehen
1 Stück Ingwerwurzel
1 Karotte
1 kleine Stange Lauch
200 g grüne Bohnen
1 Schuss Weißwein
1 Becher Dickmilch
1 Prise Cayennepfeffer
1 Prise Zucker

Außerdem:
2–3 EL Kokosflocken
2–3 EL gehackte Petersilie oder Chilantro

ZUBEREITUNG

1. Die Scampi- oder Garnelenschwänze unter fließendem Wasser waschen, trocken tupfen, mit Zitronensaft beträufeln, mit Salz und Pfeffer würzen und im Kühlschrank 10 Minuten ziehen lassen.

2. Die Fischbrühe in einen Topf geben und zum Kochen bringen. Die Scampi- oder Garnelenschwänze dazugeben und bei mäßiger Hitze 5–6 Minuten ziehen lassen.

3. In der Zwischenzeit das Olivenöl erhitzen und die geschälte, fein gehackte Zwiebel darin glasig schwitzen.

4. Die Knoblauchzehen und den Ingwer schälen, fein hacken, dazugeben und kurz mitschwitzen.

5. Die Karotte, den Lauch und die grünen Bohnen putzen, waschen, in dünne Scheiben schneiden, zur Zwiebel-Knoblauch-Mischung geben und ebenfalls mitschwitzen.

6. Mit Weißwein ablöschen, einmal aufkochen lassen und zugedeckt bei mäßiger Hitze 6–8 Minuten dünsten.

7. Anschließend die Dickmilch einrühren, das Gemüse mit der Flüssigkeit vorsichtig zur Garnelensuppe geben und erhitzen.

8. Die Garnelensuppe mit Salz, Pfeffer, Cayennepfeffer, Zucker und Zitronensaft abschmecken und dekorativ anrichten. Mit Kokosflocken und gehackter Petersilie bestreuen, garnieren und sofort servieren.

Pro Portion: 241 kcal/1012 kJ
16 g E, 10 g F, 14 g KH

Tipp:

Küchenkräuter bleiben frisch und schnittfest, bewahrt man sie in einem Glas mit weiter Öffnung und Schraubverschluss im Kühlschrank auf. Sie können Küchenkräuter auch in Plastikbehälter mit Vakuumdeckel geben. Legen Sie gegen die sich entwickelnde Feuchtigkeit etwas Küchenkrepp auf den Boden des Behälters.

Menge:
Für 4 Personen:

Schwierigkeit:
leicht

Zubereitungszeit:
30 Minuten

Rindfleischtopf mit Wirsing

ZUTATEN

300 g Rinderschulter
Salz, Pfeffer aus der Mühle
1 Prise Cayennepfeffer
1 TL Butterschmalz
1 Zwiebel
1,5 l Gemüsebrühe
2–3 Lorbeerblätter
einige Nelken
einige Pfefferkörner
einige Pimentkörner
400 g Kartoffeln
2–3 Karotten
2–3 Petersilienwurzeln
400 g Wirsing
1 EL gerebelter Majoran
1 TL gerebeltes Bohnenkraut

Außerdem:
1–2 rote Zwiebeln

Tipp:
Das A und O in der Suppen- und Eintopfküche sind Kräuter und Gewürze. Wichtigster Bestandteil bei der Zubereitung von Suppen und Eintöpfen ist das Gewürz. Frische Kräuter sind fast schon ein Muss, denn dadurch wird Ihre Suppe oder Ihr Eintopf mit Sicherheit ein Erfolg. Bei der Verwendung von Kräutern gehen wir davon aus, dass ein Bund Frischkräuter einem Esslöffel Trockenkräutern entspricht.

Menge:
Für 4 Personen:

Schwierigkeit:
leicht

Zubereitungszeit:
120 Minuten

ZUBEREITUNG

1. Die Rinderschulter unter fließendem Wasser waschen, trocken tupfen und in Würfel schneiden. Mit Salz, Pfeffer und Cayennepfeffer würzen.

2. Das Butterschmalz in einem Topf erhitzen und das Fleisch darin unter ständigem Rühren leicht anbraten.

3. Die Zwiebel schälen, in Würfel schneiden, zum Fleisch geben und kurz mitbraten. Die Gemüsebrühe angießen und zum Kochen bringen.

4. Die Lorbeerblätter, die Nelken, die Pfefferkörner und die Pimentkörner in den Eintopf geben. Das Ganze bei mäßiger Hitze 60–70 Minuten köcheln lassen.

5. Die Kartoffeln, die Karotten und die Petersilienwurzeln schälen, waschen und in mundgerechte Würfel schneiden.

6. Den Wirsing putzen, waschen und in Streifen schneiden. Das Gemüse in den Eintopf geben, Majoran und Bohnenkraut hinzufügen und weitere 25–30 Minuten garen.

7. Nach Ende der Garzeit den Rindfleischtopf nachwürzen und dekorativ anrichten. Die roten Zwiebeln schälen, in feine Würfel schneiden, über den Eintopf streuen und diesen sofort servieren.

Pro Portion: 295 kcal/1239 kJ
23 g E, 9 g F, 26 g KH

Gemüseeintopf mit Ei

ZUTATEN

500 g Kartoffeln
1 Zwiebel
1 kleine Stange Lauch
1 EL Butter
100 ml Weißwein
500 ml Gemüse- oder Geflügelbrühe
Salz, Pfeffer aus der Mühle
1 Prise Muskat
1 Prise Cayennepfeffer
1 Prise Zucker
2–3 EL mittelscharfer Senf
2–3 EL Weißweinessig
200 g Rosenkohl
2–3 Karotten
1 rote Paprikaschote

Außerdem:
6 hart gekochte Eier
Kräuterzweige zum Garnieren

Tipp:
Bevorzugen Sie stets Gemüse- und Obstsorten, die gerade Saison haben. Hier können Sie gewiss sein, dass Sie frische, ausgereifte und für Ihre Ernährung wertvolle Produkte erhalten. Produkte aus dem Treibhaus, die unter künstlichen Bedingungen gezogen wurden, bieten Ihnen nicht dasselbe!

Menge:
Für 4 Personen:

Schwierigkeit:
leicht

Zubereitungszeit:
45 Minuten

ZUBEREITUNG

1. Die Kartoffeln schälen, waschen und in feine Würfel schneiden.

2. Die Zwiebel schälen und fein würfeln. Den Lauch putzen, waschen und in Streifen schneiden.

3. Die Butter in einem Topf erhitzen, das Gemüse darin anschwitzen.

4. Den Weißwein und die Gemüse- oder Geflügelbrühe angießen, zum Kochen bringen und 20–25 Minuten bei mäßiger Hitze garen.

5. Die Suppe im Mixer oder mit dem Pürierstab pürieren, mit Salz, Pfeffer, Muskat, Cayennepfeffer, Zucker, Senf und Weißweinessig abschmecken und erhitzen.

6. Den Rosenkohl verlesen, waschen und den Strunk über Kreuz einschneiden.

7. Die Karotten schälen und in dünne Scheiben oder Stifte schneiden. Die Paprikaschote halbieren, entkernen, waschen und in Würfel oder Streifen schneiden.

8. Das Gemüse in die Suppe geben und bei mäßiger Hitze 10–12 Minuten garen.

9. Die Eier pellen und halbieren, in die Suppe geben und vorsichtig erhitzen. Den Gemüseeintopf dekorativ anrichten, mit Kräuterzweigen garnieren und sofort servieren.

Pro Portion: 308 kcal/1294 kJ
17 g E, 12 g F, 28 g KH

Rosenkohl:
Rosenkohl hat einen feinen Geschmack. Die festen Röschen sollten am Stielende kreuzweise eingeschnitten werden, bevor man sie kocht. Die Garzeit sollte kurz sein, Rosenkohl schmeckt bissfest am besten. Der Rosenkohl ist ein sehr nährstoff- und vitaminreiches Gemüse, das nicht nur in der kalten Jahreszeit viel öfter genossen werden sollte.

Gemüseeintopf mit Glasnudeln

ZUTATEN

2 rote Zwiebeln
3 Karotten
1 TL Sesamöl
2 EL Chilisoße
4 EL Sojasoße
1 l Gemüsebrühe
Salz, Pfeffer aus der Mühle
2 EL Honig
3 EL Obstessig
200 g grüne Bohnen

Außerdem:
250 g Glasnudeln
kochendes Salzwasser
250 g Shiitake-Pilze
Chilistreifen zum Bestreuen

ZUBEREITUNG

1. Die Zwiebeln und die Karotten schälen und in feine Streifen schneiden. Das Sesamöl in einem Wok erhitzen, Zwiebeln und Karotten darin anschwitzen.

2. Die Chilisoße und die Sojasoße einrühren, mit der Gemüsebrühe aufgießen. Mit Salz, Pfeffer, Honig und Obstessig würzen und zum Kochen bringen.

3. Die grünen Bohnen putzen, waschen, je nach Bedarf klein schneiden, in den Eintopf geben und das Gemüse bei mäßiger Hitze ca. 10–15 Minuten köcheln lassen.

4. Die Glasnudeln in eine große Schüssel geben, mit kochendem Salzwasser übergießen und fünf Minuten ziehen lassen. Herausnehmen, abtropfen lassen und mit einer Schere klein schneiden.

5. Die Shiitake-Pilze putzen und klein schneiden. Wenig Sesamöl in einer Pfanne erhitzen und die Pilze darin braten.

6. Den Gemüseeintopf nachwürzen, die Pilze und die Glasnudeln untermischen. Den Eintopf dekorativ anrichten, mit Chilistreifen bestreuen und sofort servieren.

Pro Portion: 201 kcal/844 kJ
11 g E, 8 g F, 19 g KH

Variation:
Statt der grünen Bohnen können Sie auch sehr gut weiße Bohnen oder dicke Bohnen verwenden.

Menge:
Für 4 Personen:

Schwierigkeit:
leicht

Zubereitungszeit:
25 Minuten

Bohnen:
Bohnen sollten niemals roh verzehrt werden. Die meisten Bohnen enthalten in rohem Zustand den Giftstoff Phasin, der Brechdurchfälle und im Extremfall tödlich verlaufende Darmentzündungen hervorrufen kann. Durch Kochen oder Dünsten wird das Gift jedoch zerstört. Bohnen sollten vor der Weiterverarbeitung grundsätzlich vorgekocht werden. Das Kochwasser darf auf keinen Fall mitverwendet werden.

Reistopf mit Hähnchenfleisch

ZUTATEN

500 g Hähnchenbrustfilets
Salz, Pfeffer aus der Mühle
1 EL Fünfgewürzpulver
2 EL Sesamöl
1–2 rote Chilischoten
1 Zwiebel
2 Knoblauchzehen
1 Stück Zitronengras
1 Stück Ingwerwurzel
200 g Petersilienwurzeln
200 ml Reis- oder Weißwein
800 ml Gemüse- oder Geflügelbrühe
300 g Basmatireis
2 Lorbeerblätter
1 Sternanis
einige Pimentkörner
100 g Zuckermais
250 g Brokkoliröschen (TK-Produkt)
4 Tomaten
100 ml helle Sojasoße
2–3 EL Obstessig
2–3 EL süße Chilisoße

Außerdem:
Kräuterzweige zum Garnieren

Tipp:

Der Brokkoli stammt aus Asien und ist erst in den letzten Jahren in unsere Küchen gekommen. Er wird wie der Blumenkohl bissfest gegart und ist als „Allroundgemüse" in vielen Aufläufen und Eintöpfen, aber auch in Salaten und als Beilage einsetzbar.

Menge:
Für 4 Personen:

Schwierigkeit:
leicht

Zubereitungszeit:
50 Minuten

ZUBEREITUNG

1. Die Hähnchenbrustfilets unter fließendem Wasser waschen, trocken tupfen und in feine Würfel schneiden. Mit Salz, Pfeffer und Fünfgewürzpulver kräftig würzen.

2. Das Sesamöl im Wok erhitzen, das Fleisch darin unter ständigem Rühren braten.

3. Die Chilischoten halbieren, entkernen, waschen und in Würfel schneiden. Die Zwiebel und die Knoblauchzehen schälen und fein würfeln.

4. Mit dem klein geschnittenen Zitronengras, der geschälten, geraspelten Ingwerwurzel und den geschälten, fein gewürfelten Petersilienwurzeln zum Fleisch geben und mitbraten.

5. Den Wein und die Brühe angießen und aufkochen lassen.

6. Den Basmatireis, die Lorbeerblätter, den Sternanis und die Pimentkörner dazugeben und das Ganze bei mäßiger Hitze 20–25 Minuten köcheln lassen.

7. Den Zuckermais und die Brokkoliröschen mit den enthäuteten, entkernten, in Streifen geschnittenen Tomaten, der Sojasoße, dem Obstessig und der Chilisoße in den Reistopf geben und noch 6–8 Minuten köcheln lassen.

8. Den Reistopf nachwürzen, dekorativ anrichten, mit Kräuterzweigen garnieren und sofort servieren.

Pro Portion: 618 kcal/2596 kJ
51 g E, 11 g F, 69 g KH

Kartoffelcremesuppe mit Räucherlachs

ZUTATEN

600 g Kartoffeln
1 Zwiebel
1 TL Butter
600 ml Gemüsebrühe
Salz, Pfeffer aus der Mühle
1 Prise Muskat
1 Prise Cayennepfeffer
100 ml süße Sahne
100 g Räucherlachs

Außerdem:
1 Stück Lauch (ca. 15 cm lang)
2 EL Erdnussöl
Kräuterzweige zum Garnieren

ZUBEREITUNG

1. Die Kartoffeln waschen, schälen, je nach Größe halbieren oder vierteln.

2. Die Zwiebel schälen und in feine Würfel schneiden. Die Butter in einem Topf erhitzen und die Zwiebel darin glasig schwitzen.

3. Die Kartoffeln dazugeben und kurz mitschwitzen. Die Gemüsebrühe angießen und zum Kochen bringen. Mit Salz, Pfeffer, Muskat und Cayennepfeffer kräftig würzen und bei mäßiger Hitze ca. 20 Minuten köcheln lassen.

4. Einige Kartoffelstücke aus der Suppe nehmen und warm stellen, die restliche Suppe pürieren.

5. Die Suppe mit der Sahne und den Kartoffelstücken erhitzen und nachwürzen.

6. Den Räucherlachs zerpflücken. Den Lauch putzen, waschen, trocken tupfen und in feine Streifen schneiden.

7. Das Erdnussöl in einer Pfanne erhitzen und die Lauchstreifen darin rösten. Mit Salz und Pfeffer würzen.

8. Die Kartoffelcremesuppe dekorativ anrichten, mit den Lachsstücken und den Lauchstreifen belegen, mit Kräuterzweigen garnieren und sofort servieren.

Pro Portion: 307 kcal/1289 kJ
12 g E, 15 g F, 28 g KH

Variation:

Zu den hochwertigen Lebensmitteln zählen See- und Süßwasserfische. Ihr Wert liegt in der Zusammensetzung des Eiweißes und der Art des Fettes. Außerdem enthalten sie viele Vitamine, Mineralstoffe und Spurenelemente. Das Fischeiweiß ist biologisch hochwertig. In Fischfleisch sind nennenswerte Mengen an Kalium, Kalzium, Phosphor, Eisen und Fluor enthalten. Seefische sind außerdem reich an Jod.

Menge:
Für 4 Personen:

Schwierigkeit:
leicht

Zubereitungszeit:
40 Minuten

Tomaten-Nudel-Topf

ZUTATEN

1 Zwiebel
2 Knoblauchzehen
1 TL Olivenöl
1 Aubergine
1 Zucchini
je 1 TL gerebeltes Basilikum, gerebelter Oregano und Thymian
100 ml Rotwein
1 Dose passierte Tomaten
Salz, Pfeffer aus der Mühle
Muskat, Cayennepfeffer
je 300 g bissfest gegarte Tortellini und Penne rigate
Kräuterzweige zum Garnieren

Menge:
Für 4 Personen:

Schwierigkeit:
leicht

Zubereitungszeit:
25 Minuten

ZUBEREITUNG

1. Die Zwiebel und die Knoblauchzehen schälen und fein würfeln. Das Olivenöl in einem Topf erhitzen, die Zwiebel und den Knoblauch darin anschwitzen.

2. Die Aubergine putzen, waschen und in Würfel schneiden, zu den Knoblauchzwiebeln geben und kurz mitbraten. Die Zucchini putzen, waschen, würfeln, zum Gemüse geben und mitschwitzen.

3. Mit Basilikum, Oregano und Thymian bestreuen, mit Rotwein ablöschen und die passierten Tomaten untermischen.

4. Das Gemüse zum Kochen bringen und 10–15 Minuten köcheln lassen. Mit Salz, Pfeffer, Muskat und Cayennepfeffer kräftig abschmecken.

5. Die bissfest gegarten Nudeln untermischen, erhitzen und nachwürzen. Den Nudeltopf dekorativ anrichten, mit Kräuterzweigen garnieren und sofort servieren.

Pro Portion: 595 kcal/2499 kJ
18 g E, 4 g F, 110 g KH

Geflügelcremesuppe

(ohne Abbildung)

ZUTATEN

2 Hähnchenbrustfilets
1 Lorbeerblatt
einige Nelken
1 kleine Zwiebel
1 Bund Suppengemüse
1 l Gemüsebrühe
Salz, Pfeffer aus der Mühle
Muskat, Cayennepfeffer
300 g Kartoffeln
300 g Lauch
50 ml Sherry medium
100 ml Dickmilch
Speisestärke zum Binden
Kräuterzweige zum Garnieren

ZUBEREITUNG

1. Die Hähnchenbrustfilets waschen, trocken tupfen, mit dem Lorbeerblatt, den Nelken, der halbierten Zwiebel, dem geputzten, klein geschnittenen Suppengemüse und der Brühe in einen Topf geben und zum Kochen bringen.

2. Die Suppe mit Salz, Pfeffer, Muskat und Cayennepfeffer würzen und bei mäßiger Hitze 40 Minuten garen.

3. Nach Ende der Garzeit die Hähnchenbrustfilets herausnehmen, in Scheiben schneiden und warm stellen. Die Suppe durch ein Sieb streichen und 500 ml abmessen.

4. Die Kartoffeln schälen, waschen und in feine Würfel schneiden. Den Lauch putzen, waschen und in Scheiben schneiden.

5. Mit den Kartoffeln in die Geflügelbrühe geben, den Sherry angießen und das Ganze bei mäßiger Hitze 12–15 Minuten köcheln lassen.

6. ¼ der Kartoffeln und des Lauchs herausnehmen, abtropfen lassen und als Einlage bereitstellen. Die restliche Suppe im Mixer oder mit dem Pürierstab pürieren.

7. Die Suppe mit der Dickmilch in einem Topf zum Kochen bringen und mit etwas angerührter Speisestärke leicht binden. Zum Schluss mit Salz, Pfeffer, Muskat und Cayennepfeffer abrunden.

8. Die Einlage mit den Hähnchenscheiben in die Suppe geben und erhitzen. Die Geflügelcremesuppe anrichten, mit Kräuterzweigen garnieren und servieren.

Pro Portion: 301 kcal/1264 kJ
34 g E, 6 g F, 19 g KH

Menge:
Für 4 Personen:

Schwierigkeit:
leicht

Zubereitungszeit:
60 Minuten

Kartoffelsalat mit Mixed Pickles

ZUTATEN

800 g Kartoffeln
Salzwasser
je ½ rote, grüne und gelbe Paprikaschote
1 kleines Glas Mixed Pickles
3–4 Essiggurken

Für das Dressing:
200 ml Gemüse- oder Fleischbrühe
2–3 Schalotten
75 ml Obstessig
1 TL Zucker
1 Lorbeerblatt
einige Nelken
1–2 EL mittelscharfer Senf
Salz, Pfeffer aus der Mühle
1 Prise Cayennepfeffer
75 ml Olivenöl
200 g saure Sahne

Außerdem:
Kräuterzweige zum Garnieren

ZUBEREITUNG

1. Die Kartoffeln unter fließendem Wasser abbürsten und im Salzwasser in 20 Minuten garen. Die Kartoffeln abgießen, leicht abkühlen lassen, pellen und in Scheiben schneiden.

2. Die Paprikaschoten putzen, entkernen, waschen und in Würfel schneiden. Die Mixed Pickles gut abtropfen lassen und nach Bedarf klein schneiden.

3. Die Essiggurken in Scheiben schneiden. Das Gemüse zu den Kartoffeln geben und vermischen. Die Gemüse- oder Fleischbrühe in einem Topf zum Kochen bringen.

4. Die Schalotten schälen, fein würfeln, in die Brühe geben und einmal aufkochen lassen.

5. Den Obstessig, den Zucker, das Lorbeerblatt und die Nelken dazugeben und alles bei mäßiger Hitze 4–5 Minuten ziehen lassen.

6. Lorbeerblatt und Nelken herausnehmen, den Senf einrühren, mit Salz, Pfeffer und Cayennepfeffer kräftig würzen und zum Schluss das Olivenöl untermischen.

7. Den Kartoffelsalat mit dem Dressing anmachen und 10 Minuten ziehen lassen. Danach dekorativ anrichten, mit je einem Klacks saurer Sahne überziehen, mit Kräuterzweigen garnieren und sofort servieren.

Pro Portion: 454 kcal/1907 kJ
7 g E, 27 g F, 40 g KH

Tipp:

Schneiden Sie Küchenkräuter nicht auf Holzbrettchen, denn sie saugen den Saft auf. Nehmen Sie Kunststoffbrettchen. Besitzen Sie ausschließlich Holzbrettchen, sollten Sie diese vor dem Schneiden der Küchenkräuter eine halbe Stunde in kaltem Wasser einweichen.

Menge:
Für 4 Personen:

Schwierigkeit:
leicht

Zubereitungszeit:
50 Minuten

Kartoffeln in Hülle und Fülle:

Die Sortenvielfalt bei Kartoffeln ist für einen Laien kaum überschaubar. Allein in Deutschland werden zurzeit etwa 150 Sorten unterschieden. Viele davon werden allerdings nur für industrielle Zwecke angebaut, etwa zur Produktion von Alkohol oder Stärke, zur Neuzüchtung oder als Saatkartoffeln. Bei den reinen Speisekartoffeln unterscheiden wir fünf Gruppen je nach ihrer Reife- und Erntezeit: Sehr frühe Kartoffeln, frühe Kartoffeln, mittelfrühe Kartoffeln sowie mittelspäte und späte Kartoffeln.

Spargel-Erdbeer-Salat mit Himbeerdressing

ZUTATEN

500 g weißer Spargel
Gemüsebrühe zum Garen
1 TL Butter
Salz, Pfeffer aus der Mühle
einige Tropfen Zitronensaft
1 Kopf Friséesalat oder anderer Blattsalat
2 Zwiebeln
300 g frische Erdbeeren

Für das Dressing:
1 Tasse Spargelfond
1 Tasse Himbeeressig
Saft von 1 Orange
Saft von 1 Limette
1–2 EL Honig
2–3 EL kalt gepresstes Traubenkernöl

Außerdem:
300 g Hähnchenbrustfilet
Olivenöl zum Braten

Tipp:
Ob Sie weißen, grünen oder violetten Spargel in Ihrer Küche verwenden, bleibt Ihrem persönlichen Geschmack überlassen. Probieren Sie die Sorten einfach aus und genießen Sie die Zartheit des weißen und das kräftigere, würzige Aroma des grünen oder violetten Spargels.

Menge:
Für 4 Personen:

Schwierigkeit:
leicht

Zubereitungszeit:
50 Minuten

ZUBEREITUNG

1. Den weißen Spargel großzügig schälen, die Enden abschneiden und den Spargel in mundgerechte Stücke schneiden.

2. Die Gemüsebrühe mit der Butter in einen Topf geben, mit Salz, Pfeffer und Zitronensaft würzen und die Spargelstücke darin bissfest garen.

3. Anschließend den Spargel aus dem Sud nehmen, gut abtropfen und erkalten lassen.

4. Den Blattsalat verlesen, waschen, gut abtropfen lassen und in mundgerechte Stücke zerpflücken.

5. Die Zwiebeln schälen und in feine Ringe schneiden. Die Erdbeeren putzen, waschen und in Scheiben schneiden.

6. Die Salatzutaten vorsichtig miteinander vermischen und auf Tellern dekorativ anrichten.

7. Für das Dressing den Spargelfond mit dem Himbeeressig, dem Orangensaft und dem Limettensaft in eine Schüssel geben und verrühren. Mit Salz, Pfeffer und Honig verfeinern.

8. Tropfenweise das Traubenkernöl unter das Dressing rühren und den Salat damit beträufeln.

9. Das Hähnchenbrustfilet waschen, trocken tupfen, in mundgerechte Stücke schneiden, salzen, pfeffern und im erhitzten Olivenöl braten.

10. Die noch warmen Hähnchenwürfel auf dem Salat anrichten, garnieren und sofort servieren.

Pro Portion: 357 kcal/1607 kJ
24 g E, 14 g F, 25 g KH

Avocado-Papaya-Salat

ZUTATEN

2 Avocados
Saft von 1 Zitrone
1–2 Papayas
2–3 Tomaten

Für das Dressing:
Saft von 2 Limetten
50 ml Weißwein
75 ml weißer Balsamicoessig
1 EL Dijonsenf
2 EL Honig
1 Stück Ingwerwurzel
1 Bund Schnittlauch
Salz, Pfeffer aus der Mühle
1 Prise Cayennepfeffer
30 ml Olivenöl

Außerdem:
1 rote Peperoni
Kräuterzweige zum Garnieren

Avocado:
Die Avocado ist rundherum gesund. Sie ist reich an Ölsäure, die den Cholesterinspiegel senkt. Sie enthält außerdem viel Kalium und Folsäure. Vitamin E und Eisen stützen die Immunabwehr. Die Avocado deckt ein Drittel des Tagesbedarfs eines Erwachsenen an Ballaststoffen. Durch den sehr hohen Anteil an ungesättigten Fettsäuren hat sie auch sehr viele Kalorien.

Menge:
Für 4 Personen:

Schwierigkeit:
leicht

Zubereitungszeit:
25 Minuten

ZUBEREITUNG

1. Die Avocados dünn schälen, halbieren und den Kern herauslösen. Das Fruchtfleisch in feine Scheiben schneiden, mit Zitronensaft beträufeln und in eine Schüssel geben.

2. Die Papayas schälen, halbieren, das Kerngehäuse mit einem Teelöffel herausschaben und das Fruchtfleisch in Scheiben schneiden.

3. Die Tomaten enthäuten, entkernen und in Würfel oder Streifen schneiden. Mit den Papayastücken unter die Avocadoscheiben mischen.

4. Für das Dressing den Limettensaft mit dem Weißwein, dem Balsamicoessig, dem Dijonsenf und dem Honig in einer Schüssel verrühren.

5. Die Ingwerwurzel schälen, fein reiben, mit dem verlesenen, gewaschenen und fein geschnittenen Schnittlauch unter das Dressing ziehen.

6. Mit Salz, Pfeffer und Cayennepfeffer würzen. Zum Schluss das Olivenöl einrühren.

7. Den Avocado-Papaya-Salat mit dem Dressing anmachen, kurz ziehen lassen, nachwürzen und dekorativ anrichten.

8. Mit der halbierten, entkernten und fein gewürfelten Peperoni bestreuen, mit Kräuterzweigen garnieren und sofort servieren.

Pro Portion: 296 kcal/1245 kJ
3 g E, 20 g F, 20 g KH

Salat mit Cashewkernen

ZUTATEN

je 1 kleiner Kopf Radicchio-Salat und grüner Salat
100 g Feldsalat
2 Tomaten
2 Orangen
einige Tropfen weißer Aceto balsamico
einige Tropfen Olivenöl
2 Becher Joghurt
2 EL Paprikasenf
Salz, Pfeffer aus der Mühle
3–4 EL Obstessig
einige Tropfen flüssiger Süßstoff
1 Tasse Cashewkerne

Menge:
Für 4 Personen:

Schwierigkeit:
leicht

Zubereitungszeit:
25 Minuten

ZUBEREITUNG

1. Den Radicchio-Salat, den Kopfsalat und den Feldsalat verlesen, waschen und gut abtropfen lassen. Die Salate in Stücke zerpflücken, in eine Schüssel geben, vorsichtig miteinander vermischen und dekorativ auf Tellern anrichten.

2. Die Tomaten waschen, den Strunk herausschneiden und die Tomaten achteln. Die Orangen schälen, würfeln und mit den Tomaten auf dem Salat anrichten. Mit Aceto balsamico und Olivenöl beträufeln.

3. Den Joghurt in eine Schüssel geben und den Paprikasenf unterrühren. Das Dressing mit Salz, Pfeffer, Obstessig und Süßstoff kräftig abschmecken und gleichmäßig auf den Salat träufeln.

4. Die Cashewkerne in einer trockenen Pfanne kurz rösten, auf dem Salat verteilen, den Salat garnieren und sofort servieren.

Pro Portion: 298 kcal/1248 kJ
10 g E, 17 g F, 22 g KH

Hähnchen-Bohnen-Gemüse

(ohne Abbildung)

ZUTATEN

4 Hähnchenbrustfilets
Salz, Pfeffer aus der Mühle
Fett zum Braten
1 TL Butter, 1 Zwiebel
600 g grüne Bohnen (TK-Produkt)
1 TL gerebeltes Bohnenkraut
250 ml Gemüsebrühe
4 Tomaten
1 Prise Muskat
1 Prise Cayennepfeffer
1 EL grüne Pfefferkörner
2–3 EL Pinienkerne
3–4 EL Joghurt
Dillzweige zum Garnieren

ZUBEREITUNG

1. Die Hähnchenbrustfilets der Länge nach in drei Stücke schneiden, waschen, trocken tupfen und mit Salz und Pfeffer würzen.

2. Das Fett erhitzen und die Hähnchenstücke darin braten, herausnehmen und warm stellen.

3. Die Butter ins Bratfett geben und die geschälte, fein gehackte Zwiebel darin glasig schwitzen.

4. Die aufgetauten grünen Bohnen dazugeben, mit Bohnenkraut bestreuen, die Brühe angießen und die Bohnen darin bissfest garen.

5. Die enthäuteten, entkernten und in Stücke geschnittenen Tomaten dazugeben und erhitzen.

6. Das Ganze mit Salz, Pfeffer, Muskat und Cayennepfeffer abschmecken und die grünen Pfefferkörner einrühren.

7. Das Bohnengemüse auf vier Tellern dekorativ anrichten und die Hähnchenstücke darauflegen. Mit Pinienkernen bestreuen, je einen Klacks Joghurt darüber verteilen, mit Dillzweigen garnieren und sofort servieren.

Pro Portion: 288 kcal/1209 kJ
40 g E, 8 g F, 7 g KH

Menge:
Für 4 Personen:

Schwierigkeit:
leicht

Zubereitungszeit:
25 Minuten

Hähnchenbrust auf Salat mit Honig-Joghurt-Soße

ZUTATEN

4 Hähnchenbrustfilets
Salz, Pfeffer aus der Mühle
1 TL Kräuter der Provence
1 TL Butterschmalz
Saft von 1 Zitrone
2–3 EL Honig

Für den Salat:
je ½ Kopf Lollo rosso und Lollo biondo
1 kleiner Kopf Radicchio
150 g Kirschtomaten
1 Bund Radieschen

Für das Dressing:
1 Becher Joghurt
50 ml Weißweinessig
100 ml Gemüsebrühe
50 g Honig
1 Prise Cayennepfeffer

Außerdem:
gehackte Walnüsse zum Bestreuen

Tipp:
In der Küche finden die Nüsse (oder das Öl) verschiedene Anwendungen: gemahlene oder gehackte Kerne werden in schmackhafte Füllungen eingebracht. Junge Früchte können in Essig konserviert, unreife und reife Früchte getrocknet und geröstet verarbeitet werden.

Menge:
Für 4 Personen:

Schwierigkeit:
leicht

Zubereitungszeit:
25 Minuten

ZUBEREITUNG

1. Die Hähnchenbrustfilets waschen, trocken tupfen, mit Salz, Pfeffer und Kräutern der Provence kräftig würzen.

2. Das Butterschmalz in einer Pfanne erhitzen und die Filets darin anbraten.

3. Den Zitronensaft mit Honig verrühren, die Filets damit bestreichen und im auf 180 °C vorgeheizten Backofen 6–8 Minuten garen.

4. Den Ofen ausschalten, den restlichen Zitronensaft auf die Filets träufeln und die Filets im Ofen warm stellen.

5. Die Blattsalate verlesen, waschen, abtropfen lassen und in mundgerechte Stücke zerpflücken.

6. Die Kirschtomaten waschen, den Strunk herausschneiden, die Tomaten halbieren oder vierteln.

7. Die Radieschen putzen, waschen, in Scheiben schneiden, mit den restlichen Zutaten vermischen.

8. Den Joghurt mit Essig, Brühe und Honig so lange verrühren, bis sich der Honig vollständig aufgelöst hat. Mit Salz, Pfeffer und Cayennepfeffer würzen.

9. Den Salat dekorativ anrichten, die Hähnchenbrustfilets in Scheiben schneiden und auf den Salat legen.

10. Das Ganze mit dem Dressing übergießen, mit Walnüssen bestreuen und sofort servieren.

Pro Portion: 285 kcal/1197 kJ
36 g E, 7 g F, 16 g KH

Feiner Geflügelsalat mit Äpfeln

ZUTATEN

1 kleiner Kopf Chinakohl
1 Dose Mandarinenfilets
2 Bananen
Saft von 1 Zitrone
2 säuerliche Äpfel
100 g frische Erdbeeren
200 g geräucherte Hähnchenbrust
einige Tropfen Sesamöl
Salz, Pfeffer aus der Mühle

Für das Dressing:
1 Becher Joghurt
Saft von 1 Zitrone
150 ml Gemüsebrühe
1 EL Curry
2 EL Mangochutney

Außerdem:
1 Kästchen Kresse

Äpfel:

Äpfel gehören zum Kernobst, sie werden ganzjährig angeboten und sind je nach Sorte lange lagerfähig. Wegen ihrer vielen Ballaststoffe und des hohen Vitamin-C-Gehalts zählen Äpfel zu den gesunden Obstsorten. Ein Apfel (100 g) enthält ca. 55 kcal, zwischen 10 und 30 mg Vitamin C, ca. 144 mg Kalium, außerdem neben vielen anderen die Mineralstoffe Zink, Kalzium, Phosphor, Magnesium und Natrium sowie die Vitamine A und E, Niacin, Folsäure und Pantothensäure sowie Biotin.

Menge:
Für 4 Personen:

Schwierigkeit:
leicht

Zubereitungszeit:
25 Minuten

ZUBEREITUNG

1. Den Chinakohl verlesen, waschen, gut abtropfen lassen und in mundgerechte Stücke zerpflücken.

2. Die Mandarinenfilets gut abtropfen lassen, die geschälten Bananen in Scheiben schneiden und mit Zitronensaft beträufeln.

3. Die Äpfel waschen, entkernen, in Schnitze schneiden und mit Zitronensaft beträufeln. Die Erdbeeren verlesen, waschen und in Scheiben schneiden.

4. Die Hähnchenbrust in dünne Scheiben schneiden. Die Salatzutaten in einer Schüssel vorsichtig vermischen.

5. Mit Sesamöl beträufeln, mit Salz und Pfeffer würzen und kurz ziehen lassen.

6. Den Joghurt mit dem Zitronensaft, der Gemüsebrühe, dem Curry und dem Mangochutney im Mixer oder mit dem Pürierstab kräftig mixen. Mit Salz und Pfeffer abschmecken.

7. Den Geflügelsalat dekorativ anrichten, mit dem Dressing überziehen, mit der verlesenen, klein geschnittenen Kresse bestreuen und sofort servieren.

Pro Portion: 181 kcal/760 kJ
15 g E, 5 g F, 16 g KH

Fitnesssalat mit grünen Bohnen

ZUTATEN

300 g grüne Bohnen
Salzwasser oder Gemüsebrühe zum Garen
3–4 Tomaten
200 g gemischte Blattsalate (z. B. Endivie, Friséesalat, Feldsalat)

Außerdem:
500 g Putenbrustfilet
Salz, Pfeffer aus der Mühle
1 TL Butterschmalz
4 Scheiben Vollkorntoastbrot
2 Knoblauchzehen
1 TL Olivenöl

Für das Dressing:
125 g Dickmilch, 100 ml Milch
Saft von 1 Zitrone
2–3 EL Sahnemeerrettich
einige Tropfen flüssiger Süßstoff
1 Prise Cayennepfeffer
50 g Sojakerne zum Bestreuen

Blattsalat:
Zu den Blattsalaten gehören Kopfsalat, Eissalat, Batavia- und Eichblattsalat, Lollo bionda und Lollo rosso, Frisée- und Romanasalat sowie Feldsalat und Endiviensalat. Blattsalate werden erst kurz vor dem Servieren geputzt, in kaltem Wasser gründlich gewaschen, trocken geschleudert oder trocken getupft und in mundgerechte Stücke zerpflückt.

Menge:
Für 4 Personen:

Schwierigkeit:
leicht

Zubereitungszeit:
35 Minuten

ZUBEREITUNG

1. Die grünen Bohnen putzen, waschen und in kochendem Salzwasser oder in Gemüsebrühe bissfest garen, abgießen, abschrecken, gut abtropfen lassen und bereitstellen.

2. Die Tomaten waschen, den Strunk entfernen und die Tomaten in Scheiben schneiden.

3. Die Salate verlesen, waschen, gut abtropfen lassen, je nach Bedarf zerpflücken oder klein schneiden. Mit den Tomaten und den Bohnen dekorativ anrichten.

4. Das Putenbrustfilet unter fließendem Wasser waschen, trocken tupfen, in Streifen schneiden, mit Salz und Pfeffer kräftig würzen.

5. Das Schmalz in einer Pfanne erhitzen und das Fleisch braten.

6. Die Brotscheiben in Würfel schneiden. Die Knoblauchzehen schälen und fein würfeln.

7. Das Olivenöl in einer zweiten Pfanne erhitzen und den Knoblauch darin kurz braten. Die Brotwürfel dazugeben und rösten.

8. Für das Dressing die Dickmilch mit der Milch, dem Zitronensaft, dem Meerrettich und dem Süßstoff glatt rühren. Mit Salz, Pfeffer und Cayennepfeffer abschmecken.

9. Die gebratenen Putenbruststreifen mit den Brotwürfeln gleichmäßig auf dem Salat verteilen. Das Dressing darübergießen, das Ganze mit Sojakernen bestreuen und sofort servieren.

Pro Portion: 361 kcal/1516 kJ
36 g E, 9 g F, 27 g KH

Avocados mit Schinkencreme

ZUTATEN

200 g Sahnedickmilch
100 g gekochter Schinken
einige Tropfen Limettensaft
einige Tropfen Worcestersoße
Salz, Pfeffer aus der Mühle
Cayennepfeffer, Muskat
einige Tropfen Weinbrand
4 mittelgroße, reife Avocados
Saft von 1 Limette
Tomatenwürfel zum Bestreuen
Dillzweige und Limettenecken zum Garnieren

Menge:
Für 4 Personen:

Schwierigkeit:
leicht

Zubereitungszeit:
15 Minuten

ZUBEREITUNG

1. Die Sahnedickmilch in eine Schüssel geben und glatt rühren. Den Schinken fein hacken oder im Mixer pürieren und unter die Sahnedickmilch heben.

2. Die Creme mit Limettensaft, Worcestersoße, Salz, Pfeffer, Cayennepfeffer, Muskat und Weinbrand kräftig abschmecken.

3. Die Avocados halbieren und den Kern herauslösen.

4. Das Fruchtfleisch mit Limettensaft beträufeln und die Avocadohälften mit der Schinkencreme füllen.

5. Die Avocados mit Schinkencreme dekorativ anrichten, mit den Tomatenwürfeln bestreuen, mit Dillzweigen und Limettenecken garnieren und sofort servieren.

Pro Portion: 220 kcal/924 kJ
8 g E, 17 g F, 5 g KH

Zwiebel-Orangen-Salat

(ohne Abbildung)

ZUTATEN

1 Kopf grüner Salat
4 Orangen
1 weiße Zwiebel
1 rote Zwiebel
1 rote Chilischote
1 Bund Schnittlauch
40 g gehackte, geröstete Haselnüsse

Für das Dressing:
75 g Edelpilzkäse
200 ml Orangensaft
100 ml süße Sahne
Salz, Pfeffer, 1 Prise Zucker
einige Tropfen weißer Balsamicoessig
2 Frühlingszwiebeln
Kräuterzweige zum Garnieren

ZUBEREITUNG

1. Den Salat verlesen, waschen, gut abtropfen lassen, in mundgerechte Stücke zerpflücken und in eine Schüssel geben.

2. Die Orangen schälen und die Filets herauslösen. Die Orangen auspressen und den Saft auffangen.

3. Die Zwiebeln schälen und in feine Scheiben schneiden. Die Chilischote halbieren, entkernen, waschen und klein schneiden.

4. Den Schnittlauch verlesen, waschen und fein schneiden. Mit den gerösteten Haselnüssen, den Chilistücken, den Zwiebeln und den Orangenfilets zum Kopfsalat geben, alles vorsichtig vermischen und dekorativ anrichten.

5. Für das Dressing den Edelpilzkäse mit dem Orangensaft und der Sahne in einer Schüssel glatt rühren. Mit Salz, Pfeffer, Zucker und Balsamicoessig abrunden.

6. Das Dressing gleichmäßig über den Salat verteilen. Die Frühlingszwiebeln putzen, waschen, in Scheiben schneiden und auf den Salat streuen. Mit Kräuterzweigen garnieren und sofort servieren.

Pro Portion: 193 kcal/811 kJ
7 g E, 14 g F, 9 g KH

Menge:
Für 4 Personen:

Schwierigkeit:
leicht

Zubereitungszeit:
30 Minuten

Salatschiffchen mit Käse-Quark-Creme

ZUTATEN

3 Salatherzen
500 g Süßkartoffeln
Fett zum Ausbacken
Salz

Für die Käsecreme:
250 g Speisequark
100 ml Milch
1 Zwiebel
Saft von 1 Zitrone
50 ml Weißwein
100 g Edelpilzkäse
2 EL Apfelgelee
Pfeffer aus der Mühle
1 Prise Cayennepfeffer
1 Prise Zucker
½ Bund Petersilie
½ Bund Basilikum

Außerdem:
Kräuterzweige und Sprossen zum Garnieren

Tipp:
Cayennepfeffer ist eigentlich kein Pfeffer, sondern eine Mischung aus verschiedenen Chiliarten. Er bringt Schärfe ins Essen, wirkt kreislaufstärkend und antibakteriell.

Menge:
Für 4 Personen:

Schwierigkeit:
leicht

Zubereitungszeit:
30 Minuten

ZUBEREITUNG

1. Die Salatherzen putzen, verlesen, die Blätter waschen und gut abtropfen lassen.

2. Die Süßkartoffeln schälen, in dünne Scheiben schneiden und im schwimmenden Fett goldgelb ausbacken. Herausnehmen, gut abtropfen lassen und leicht salzen.

3. Den Speisequark mit der Milch in eine Schüssel geben und glatt rühren.

4. Die Zwiebel schälen, fein reiben, mit dem Zitronensaft, dem Weißwein, 50 g Edelpilzkäse und dem Apfelgelee unter den Quark rühren.

5. Die Käsecreme mit Salz, Pfeffer, Cayennepfeffer und Zucker kräftig abschmecken. Die Kräuter verlesen, waschen und fein hacken.

6. Die Salatblätter mit den Kartoffelchips dekorativ anrichten, die Käsecreme in einen Spritzbeutel mit Sterntülle füllen und auf die Salatblätter spritzen.

7. Das Ganze mit den Kräutern betreuen, mit Kräuterzweigen und Sprossen garnieren und sofort servieren.

Pro Portion: 384 kcal/1613 kJ
15 g E, 9 g F, 50 g KH

Tipp:
Selbst getrocknet hält sich das Aroma der Zitronenmelisse nur begrenzt, auch wenn sie in einem luftdicht verschlossenen Glas aufbewahrt wird.

Apfelsalat mit Sellerie

ZUTATEN

2 säuerliche Äpfel
Saft von 1 Zitrone
100 g Staudensellerie
Gemüsebrühe zum Blanchieren
15 g Walnusshälften

Für das Dressing:
150 g Joghurt
Saft von 1 Zitrone, Salz
weißer Pfeffer aus der Mühle
1 Prise Cayennepfeffer
1 Prise Zucker
Selleriestangen und Selleriegrün zum Garnieren

Menge:
Für 4 Personen:

Schwierigkeit:
leicht

Zubereitungszeit:
30 Minuten

ZUBEREITUNG

1. Die Äpfel unter fließendem Wasser waschen, gut abtropfen lassen, entkernen, das Fruchtfleisch in Würfel schneiden und sofort mit Zitronensaft beträufeln.

2. Den Staudensellerie putzen, in 1–2 cm lange Stücke schneiden, waschen und gut abtropfen lassen.

3. Die Gemüsebrühe erhitzen, den Sellerie darin bissfest garen, herausnehmen und gut abtropfen lassen. Mit den Äpfeln und den Walnusshälften in eine Schüssel geben und vorsichtig vermischen.

4. Für das Dressing den Joghurt mit dem Zitronensaft glatt rühren, mit Salz, Pfeffer, Cayennepfeffer und Zucker kräftig abschmecken.

5. Den Salat dekorativ anrichten, das Dressing gleichmäßig darüberträufeln, mit Selleriestangen und Selleriegrün garnieren und sofort servieren.

Pro Portion: 119 kcal/499 kJ
2 g E, 5 g F, 13 g KH

Obstsalat „Guten Morgen“

(ohne Abbildung)

ZUTATEN

3 EL Weizenflocken, 1 Apfel
einige Tropfen Zitronensaft
1 kleine Orange
50 g Weintrauben
1 EL gehackte Nüsse
1 TL Rosinen
1 Becher Magerjoghurt
Saft von ½ Zitrone
einige Tropfen flüssiger Süßstoff

Menge:
Für 1 Person:

Schwierigkeit:
leicht

Zubereitungszeit:
10 Minuten

ZUBEREITUNG

1. Die Weizenflocken in eine Schüssel geben.

2. Den Apfel schälen, entkernen, in Schnitze schneiden und mit Zitronensaft beträufeln.

3. Die Orange schälen und filieren, die Weintrauben verlesen und waschen.

4. Die Früchte, die Nüsse und die Rosinen zu den Weizenflocken geben und alles vermischen.

5. Den Magerjoghurt mit Zitronensaft glatt rühren und mit Süßstoff nach Geschmack süßen, zum Obstsalat geben und servieren.

Pro Portion: 488 kcal/2049 kJ
13 g E, 6 g F, 84 g KH

Kartoffelsalat mit roten Linsen

ZUTATEN

600 g Kartoffeln
Salzwasser zum Garen
2 Hähnchenbrustfilets
Salz, Pfeffer aus der Mühle
1 EL Kräuter der Provence
1 TL Butterschmalz
150 g rote Linsen
250 ml Gemüse- oder Geflügelbrühe
1 Zwiebel
1 rote Chilischote
½ Bund Basilikum
75 ml Sherryessig
1 Prise Zucker
1 Prise Cayennepfeffer
75 ml Olivenöl
1 Kopf Eisbergsalat
1 Salatgurke
1 Becher Joghurt
75 ml Orangensaft

Außerdem:
Dillzweige zum Garnieren

Tipp:
Damit der Kartoffelsalat nicht misslingt und matschig wird, ist die Wahl der richtigen Kartoffelsorte ganz entscheidend. Die beste Wahl für die Zubereitung von einem delikaten Kartoffelsalat sind festkochende Kartoffeln.

Menge:
Für 4 Personen:

Schwierigkeit:
leicht

Zubereitungszeit:
50 Minuten

ZUBEREITUNG

1. Die Kartoffeln waschen und in kochendem Salzwasser 15–18 Minuten garen. Abgießen, erkalten lassen, pellen, in Scheiben schneiden und in eine Schüssel geben.

2. Die Hähnchenbrustfilets unter fließendem Wasser waschen, trocken tupfen, mit Salz, Pfeffer und Kräutern der Provence würzen.

3. Das Schmalz erhitzen. Die Hähnchenbrustfilets darin anbraten und im auf 180–200 °C vorgeheizten Backofen in 10–12 Minuten garen. Herausnehmen, in Alufolie wickeln und erkalten lassen.

4. Die Linsen waschen und abtropfen lassen. Die Brühe erhitzen. Die Linsen darin in 6–8 Minuten garen, herausnehmen, gut abtropfen lassen und zu den Kartoffeln geben.

5. Die Zwiebel schälen und würfeln. Die Chilischote halbieren, entkernen, waschen und in Scheiben schneiden. Basilikum verlesen, waschen und klein schneiden. Mit der Zwiebel und der Chili in die Brühe geben und einmal aufkochen lassen.

6. Den Sherryessig einrühren, mit Salz, Pfeffer, Zucker und Cayennepfeffer kräftig abschmecken und das Olivenöl untermischen.

7. Die Hähnchenbrustfilets in Streifen schneiden. Den Eisbergsalat verlesen, waschen und in Stücke zerpflücken. Die Gurke waschen, halbieren, das Kerngehäuse herausschaben und aus der Gurke mit einem Kugelausstecher Kugeln ausstechen.

8. Die Salatzutaten zu den Kartoffeln geben, das Dressing angießen und vorsichtig vermischen. Mit Salz und Pfeffer nachwürzen und den Salat dekorativ anrichten.

9. Den Joghurt mit Orangensaft verrühren, mit Salz, Pfeffer und Cayennepfeffer würzen, auf dem Kartoffelsalat verteilen. Mit Dillzweigen garnieren und sofort servieren.

Pro Portion: 507 kcal/2129 kJ
29 g E, 24 g F, 34 g KH

Salat mit gebratenem Ziegenkäse

ZUTATEN

4 kleine Kopfsalatherzen
1 rote Zwiebel
4 Tomaten
200 g fester Ziegenkäse
1 TL Butter zum Braten
50 g schwarze Oliven
100 ml Gemüsebrühe
Saft von 1 Zitrone
75 ml weißer Balsamicoessig
Salz, Pfeffer aus der Mühle
1 Prise Zucker
1 Becher Joghurt
30 g Cashewkerne
1 Bund Schnittlauch

Menge:
Für 4 Personen:

Schwierigkeit:
leicht

Zubereitungszeit:
25 Minuten

ZUBEREITUNG

1. Die Kopfsalatherzen verlesen, waschen, gut abtropfen lassen und vierteln. Die Zwiebel schälen, halbieren und in Scheiben schneiden.

2. Die Tomaten waschen, vom Strunk befreien und achteln.

3. Den Ziegenkäse in Stücke schneiden. Die Butter in einer Pfanne erhitzen und die Käsestücke darin braten.

4. Die Kopfsalatherzen mit den Zwiebelscheiben, den Tomatenecken und dem Ziegenkäse dekorativ auf Tellern anrichten. Die Oliven würfeln und in eine Schüssel geben. Brühe, Zitronensaft und Essig hinzufügen verrühren und das Ganze mit Salz, Pfeffer und Zucker abschmecken.

5. Den Joghurt in das Dressing einrühren und den Salat damit beträufeln. Mit Cashewkernen und fein geschnittenem Schnittlauch bestreuen, garnieren und sofort servieren.

Pro Portion: 266 kcal/1117 kJ
15 g E, 17 g F, 10 g KH

Rucolasalat mit Kresse

(ohne Abbildung)

ZUTATEN

je 100 g Rucola, Lollo biondo, junge Spinatblätter und Kirschtomaten
1 gegarte Rote Bete
1 Stück Salatgurke
1 Kästchen Kresse
1 Schalotte
300 g Magerjoghurt
2 EL mittelscharfer Senf
2 EL Tomatenketchup
Salz, Pfeffer aus der Mühle
1 Prise Zucker
2–3 EL Apfelessig

ZUBEREITUNG

1. Den Rucola, den Lollo biondo und die Spinatblätter verlesen, waschen, gut abtropfen lassen, in mundgerechte Stücke zerpflücken und in eine Schüssel geben.

2. Die Kirschtomaten waschen, den Strunk herausschneiden und die Tomaten halbieren. Die Rote Bete schälen und in Streifen schneiden.

3. Die Salatgurke putzen, waschen, in feine Würfel schneiden und mit der verlesenen, gewaschenen Kresse und den restlichen Zutaten zu den Blattsalaten geben. Alles vorsichtig miteinander vermischen und dekorativ auf Tellern anrichten.

4. Für das Dressing die Schalotte schälen, sehr fein hacken und mit dem Magerjoghurt, dem Senf und dem Tomatenketchup verrühren.

5. Das Dressing mit Salz, Pfeffer, Zucker und Apfelessig kräftig abschmecken, gleichmäßig über den Salat träufeln, den Salat garnieren und sofort servieren.

Pro Portion: 147 kcal/617 kJ
5 g E, 9 g F, 10 g KH

Menge:
Für 4 Personen:

Schwierigkeit:
leicht

Zubereitungszeit:
25 Minuten

Hähnchen-Fenchelsalat mit Senfdressing

ZUTATEN

2 Hähnchenbrustfilets
400 ml Gemüse- oder Geflügelbrühe
1 Bund Suppengemüse
2 Lorbeerblätter
2 Karotten
1 Fenchelknolle
1 kleiner Kopf grüner Salat
200 g Kirschtomaten

Für das Dressing:
100 g Dickmilch
100 g Joghurt
2–3 EL Weißweinessig
2–3 EL mittelscharfer Senf
1–2 EL Honig
Salz, Pfeffer aus der Mühle
1 Prise Cayennepfeffer

Außerdem:
1 Bund Petersilie

Variation:
Sehr gut schmeckt der Fenchelsalat auch mit einem Senfdressing.

ZUBEREITUNG

1. Die Hähnchenbrustfilets unter fließendem Wasser waschen und abtropfen lassen. Die Gemüse- oder Geflügelbrühe in einem Topf erhitzen. Das Suppengemüse putzen, waschen, klein schneiden und in die Brühe geben.

2. Die Lorbeerblätter und die Hähnchenbrustfilets dazugeben und bei mäßiger Hitze 40–50 Minuten garen. Die Filets herausnehmen, gut abtropfen, erkalten lassen und in Würfel oder Scheiben schneiden.

3. Die Karotten schälen, den Fenchel putzen, beides waschen, gut abtropfen lassen, in Streifen schneiden und in der Hähnchenbrühe blanchieren.

4. Das Gemüse aus dem Sud nehmen, gut abtropfen lassen und mit den Hähnchenstücken in eine Schüssel geben.

5. Den Kopfsalat verlesen, waschen, gut abtropfen lassen, in mundgerechte Stücke zerpflücken und auf Tellern dekorativ anrichten.

6. Die Kirschtomaten waschen, den Strunk herausschneiden, die Tomaten halbieren oder vierteln. Zum Hähnchensalat geben, vorsichtig vermischen und gleichmäßig auf dem grünen Salat verteilen.

7. Die Dickmilch mit dem Joghurt, dem Weißweinessig, dem Senf und dem Honig in einer Schüssel glatt rühren. Das Dressing mit Salz, Pfeffer und Cayennepfeffer kräftig abschmecken und gleichmäßig auf dem Salat verteilen.

8. Die Petersilie verlesen, waschen, fein schneiden, den Salat damit bestreuen, garnieren und sofort servieren.

Pro Portion: 252 kcal/1058 kJ
33 g E, 6 g F, 11 g KH

Menge:
Für 4 Personen:

Schwierigkeit:
leicht

Zubereitungszeit:
75 Minuten

Senfdressing:
2 rote Zwiebeln schälen, in sehr feine Würfel schneiden und in eine Schüssel geben. 200 ml Gemüsebrühe, 50 ml Schalottenessig und 2 EL mittelscharfen Senf dazugeben und alles gut miteinander verrühren. Das Dressing mit Salz, Pfeffer und Zucker abschmecken. 50 ml Sonnenblumenöl einrühren und den Salat damit anmachen.

Feldsalat mit Perlhuhnbrust

ZUTATEN

4 kleine Perlhuhnbrustfilets
Salz, Pfeffer aus der Mühle
1 EL gerebelter Majoran
1 EL geriebene Zitronenschale
2 Knoblauchzehen
1 EL Olivenöl

Für den Salat:
250 g Feldsalat
50 ml Geflügelbrühe
75 ml Aceto balsamico
1 Schalotte
1 EL Honig
30 ml Olivenöl

Außerdem:
Kirschtomaten und Kräuterzweige zum Garnieren

Tipp:

Um den frischen, knackigen Geschmack bei der Zubereitung zu erhalten, sollte der gut gewaschene Salat immer zeitnah serviert werden. Viele Blattsalate werden gerne mit weiteren Gemüsesorten wie Tomaten, Gurken, Zwiebeln, Paprikaschoten und vielen anderen gemischt angerichtet. Vor dem Servieren werden die Blattsalate mit einem Dressing und unterschiedliche Kräutern und Gewürzen verfeinert.

Menge:
Für 4 Personen:

Schwierigkeit:
leicht

Zubereitungszeit:
35 Minuten
ohne Wartezeit

ZUBEREITUNG

1. Die küchenfertigen Perlhuhnbrustfilets unter fließendem Wasser waschen und trocken tupfen. Mit Salz und Pfeffer kräftig würzen und in eine Schüssel geben.

2. Den Majoran, die geriebene Zitronenschale und die geschälten Knoblauchzehen auf eine Arbeitsfläche geben, hacken und anschließend mit dem Messerrücken fein zerreiben.

3. Die Knoblauchpaste mit dem Olivenöl verrühren und die Perlhuhnbrüstchen damit bestreichen. Im Kühlschrank mindestens eine Stunde marinieren.

4. Eine beschichtete Pfanne erhitzen und die Filets darin rundherum braten, herausnehmen, in Alufolie wickeln und warm stellen.

5. Den Feldsalat verlesen, waschen, gut abtropfen lassen und auf Tellern dekorativ anrichten.

6. Den Bratenfond mit der Geflügelbrühe ablöschen und einmal aufkochen lassen. Den Aceto balsamico einrühren, vom Herd nehmen und die geschälte, fein gehackte Schalotte und den Honig untermischen.

7. Das Olivenöl tropfenweise unter das Dressing rühren, mit Salz und Pfeffer abrunden.

8. Die Perlhuhnbrüstchen noch warm in Scheiben schneiden und dekorativ auf dem Salat anrichten. Mit dem Dressing überziehen, mit Kirschtomatenecken und Kräuterzweigen garnieren und sofort servieren.

Pro Portion: 276 kcal/1159 kJ
31 g E, 12 g F, 5 g KH

Erdbeer-Spargel-Salat

ZUTATEN

300 g weißer Spargel
300 g grüner Spargel
Salzwasser oder Gemüsebrühe zum Garen
1 TL Butter
¼ unbehandelte Zitrone
2 Salatherzen
200 g frische Erdbeeren
2 Blutorangen

Für das Dressing:
100 ml heißer Spargelfond
1–2 TL Birnendicksaft
Saft von 1 Blutorange
50 ml Himbeeressig
Salz, Pfeffer aus der Mühle
1 Prise Cayennepfeffer
30 ml Olivenöl

Außerdem:
Kräuterzweige zum Garnieren

ZUBEREITUNG

1. Den weißen und grünen Spargel dünn schälen, die Enden abschneiden. Salzwasser oder Gemüsebrühe mit der Butter und dem Zitronenviertel in einem Topf zum Kochen bringen.

2. Den Spargel darin bei mäßiger Hitze sortenweise bissfest garen, herausnehmen und gut abtropfen lassen.

3. Die Salatherzen verlesen, waschen, gut abtropfen lassen und in mundgerechte Stücke zerpflücken.

4. Die Erdbeeren verlesen, waschen, halbieren, vierteln oder in Scheiben schneiden.

5. Die Blutorangen großzügig schälen und filieren. Spargel, Salatherzen, Erdbeeren und Orangenfilets dekorativ anrichten.

6. Für das Dressing 100 ml heißen Spargelfond mit dem Birnendicksaft verrühren, bis sich der Birnendicksaft vollständig aufgelöst hat.

7. Den Blutorangensaft und den Himbeeressig dazugeben. Mit Salz, Pfeffer und Cayennepfeffer würzen.

8. Das Olivenöl einrühren, den Salat mit dem Dressing beträufeln, mit Kräuterzweigen garnieren und sofort servieren.

Pro Portion: 156 kcal/655 kJ
4 g E, 9 g F, 12 g KH

Variation:
Den Erdbeer-Spargel-Salat können Sie auch sehr gut mit einem Gorgonzoladressing anmachen.

Menge:
Für 4 Personen:

Schwierigkeit:
leicht

Zubereitungszeit:
30 Minuten

Gorgonzoladressing:
100 g Gorgonzola würfeln, mit 100 g Quark, 200 ml saurer Sahne und dem Saft von ½ Zitrone in eine Schüssel geben und glatt rühren. Das Dressing mit Salz, Pfeffer und Zucker kräftig abschmecken und den Salat damit anmachen.

Frühlingszwiebelsalat mit leichtem Dressing

ZUTATEN

2 Bund Frühlingszwiebeln
Salzwasser oder Gemüsebrühe zum Garen
1 Kopf Eichblattsalat
1 Stange Lauch
1 Bund Radieschen
1 Zwiebel
2 Orangen

Für das Dressing:
50 g Edelpilzkäse
200 g Dickmilch
1 Becher Joghurt
Saft von 1 Zitrone
Salz, Pfeffer aus der Mühle
eine Prise Cayennepfeffer
eine Prise Zucker

Außerdem:
Kräuterzweige zum Garnieren

Variation:
Den Frühlingszwiebelsalat können Sie auch sehr gut mit einer Tomatenvinaigrette anmachen.

ZUBEREITUNG

1. Die Frühlingszwiebeln putzen, waschen und in 5 cm lange Stücke schneiden.

2. Das Salzwasser oder die Gemüsebrühe in einem Topf erhitzen und die Frühlingszwiebeln darin bissfest garen.

3. Den Eichblattsalat verlesen, waschen, gut abtropfen lassen und in mundgerechte Stücke zerpflücken.

4. Den Lauch putzen, waschen und in hauchdünne Scheibchen schneiden.

5. Die Radieschen putzen, waschen und in Scheiben schneiden.

6. Die Zwiebel schälen und in feine Streifen schneiden, die Orangen großzügig schälen und filieren.

7. Die Salatzutaten in eine Schüssel geben und alles vorsichtig miteinander vermischen.

8. Für das Dressing den Edelpilzkäse in eine Schüssel geben und mit einer Gabel zerdrücken.

9. Die Dickmilch angießen und das Ganze mit dem Joghurt und dem Zitronensaft zu einem glatten Dressing verrühren. Das Dressing mit Salz, Pfeffer, Cayennepfeffer und Zucker kräftig abschmecken.

10. Den Salat damit anmachen, kurz ziehen lassen, dekorativ anrichten, mit Kräuterzweigen garnieren und sofort servieren.

Pro Portion: 235 kcal/987 kJ
9 g E, 15 g F, 14 g KH

Menge:
Für 4 Personen:

Schwierigkeit:
leicht

Zubereitungszeit:
30 Minuten

Tomatenvinaigrette:
2 Schalotten schälen, in feine Würfel schneiden. 1–2 EL Olivenöl in einer Pfanne erhitzen und die Schalotten darin kurz anschwitzen. 100 ml Weißwein und 100 ml Gemüsebrühe angießen und aufkochen lassen. Das Dressing vom Herd nehmen und leicht erkalten lassen. 75 ml Aceto balsamico und 1 TL Zucker einrühren und solange rühren, bis sich der Zucker vollständig aufgelöst hat. 3 Tomaten enthäuten, entkernen, in Würfel schneiden, ins Dressing geben und alles im Mixer oder mit dem Pürierstab pürieren. Mit Salz, Pfeffer und Cayennepfeffer würzen. 50 ml Olivenöl unter die Tomatenvinaigrette rühren und den Salat damit anmachen.

Artischockensalat

ZUTATEN

2 Gläser Artischockenherzen
100 g Schalotten
1 gelbe Paprikaschote
2 Knoblauchzehen
1 Bund Frühlingszwiebeln
1 Bund Petersilie
je 75 ml Schalottenessig und Gemüsebrühe
Salz, Pfeffer aus der Mühle
Cayennepfeffer, Zucker
Saft von 1 Zitrone
einige Tropfen Pernod
30 ml Olivenöl
Kräuterzweige zum Garnieren

Menge:
Für 4 Personen:

Schwierigkeit:
leicht

Zubereitungszeit:
20 Minuten

ZUBEREITUNG

1. Artischocken abtropfen lassen und in eine Schüssel geben. Schalotten schälen, in Scheiben schneiden und zu den Artischocken geben.

2. Die Paprikaschote halbieren, entkernen, waschen und in mundgerechte Stücke schneiden. Die Knoblauchzehen schälen und fein hacken.

3. Die Frühlingszwiebeln putzen, waschen und in Ringe schneiden. Die Petersilie verlesen, waschen und hacken, mit den restlichen Zutaten zu den Artischockenherzen geben und alles vorsichtig vermischen.

4. Den Schalottenessig mit der Gemüsebrühe verrühren, mit Salz, Pfeffer, Cayennepfeffer, Zucker, Zitronensaft und Pernod kräftig abschmecken und den Salat damit anmachen.

5. Das Olivenöl untermischen und den Salat mindestens 30 Minuten im Kühlschrank ziehen lassen.

6. Den Artischockensalat mit Schalotten anrichten, mit Kräuterzweigen garnieren und sofort servieren.

Pro Portion: 184 kcal/773 kJ
5 g E, 8 g F, 21 g KH

Mozzarella-Artischocken

(ohne Abbildung)

ZUTATEN

4 Kugeln Mozzarella
Salz, Pfeffer aus der Mühle
100 ml weißer Balsamicoessig

Außerdem:
1 TL Olivenöl
2–3 Knoblauchzehen
50 g entsteinte, grüne Oliven
Saft von 2 Zitronen
1 Zweig Rosmarin
½ Bund Basilikum
200 g Kirschtomaten
400 g Artischockenherzen
Kräuterzweige zum Garnieren

ZUBEREITUNG

1. Den Mozzarella in Scheiben schneiden und in eine Schüssel geben. Mit Salz und Pfeffer kräftig würzen und mit dem Balsamicoessig beträufeln.

2. Olivenöl erhitzen. Den Knoblauch schälen, in Scheiben schneiden, ins Fett geben und kurz anschwitzen.

3. Die Oliven in Scheiben schneiden, zu den Knoblauchscheiben geben und kurz mitschwitzen.

4. Mit Zitronensaft ablöschen und die verlesenen, gewaschenen und klein geschnittenen Kräuter hinzufügen. Das Ganze über den Mozzarella geben und im Kühlschrank 1–2 Stunden ziehen lassen.

5. Den Mozzarella auf Tellern dekorativ anrichten und mit der Marinade beträufeln. Die Kirschtomaten waschen und vom Strunk befreien.

6. Die Tomaten halbieren und mit den halbierten Artischockenherzen auf dem Mozzarella dekorativ anrichten, mit Kräuterzweigen garnieren und sofort servieren.

Pro Portion: 263 kcal/1104 kJ
14 g E, 15 g F, 12 g KH

Menge:
Für 4 Personen:

Schwierigkeit:
leicht

Zubereitungszeit:
15 Minuten

Bunter Salat mit Linsenvinaigrette

ZUTATEN

½ Salatgurke
je 1 kleine rote und gelbe Paprikaschote
1 Zwiebel
½ Kopf Lollo biondo
½ Kopf Radicchio

Für die Vinaigrette:
100 g Pardina-Linsen
3 Schalotten
50 ml Rotweinessig
50 ml Campari
75 ml Gemüsebrühe
Salz, Pfeffer aus der Mühle
1 Prise Cayennepfeffer
1 Prise Zucker
30 ml Traubenkernöl

Außerdem:
4 Scheiben Toastbrot

Variation:
Unseren bunten Salat können Sie auch sehr gut mit einem Cocktaildressing anmachen.

ZUBEREITUNG

1. Die Salatgurke putzen, waschen, schälen und in dünne Scheiben schneiden.

2. Die Paprikaschoten halbieren, entkernen, waschen und in Streifen schneiden. Die Zwiebel schälen und in feine Ringe schneiden.

3. Die Blattsalate verlesen, waschen und in mundgerechte Stücke zerpflücken, mit den restlichen Salatzutaten in eine Schüssel geben und vorsichtig miteinander vermischen.

4. Für die Vinaigrette die Linsen in kochendes Wasser (ohne Salz) geben, 30 Minuten bei mäßiger Hitze kochen, abgießen, erkalten lassen und in eine Schüssel geben.

5. Die Schalotten schälen, fein würfeln und zu den Linsen geben. Den Rotweinessig, den Campari und die Gemüsebrühe hinzufügen, das Ganze verrühren und mit Salz, Pfeffer, Cayennepfeffer und Zucker kräftig würzen.

6. Das Traubenkernöl tropfenweise einrühren, den Salat mit der Vinaigrette anmachen, nochmals nachwürzen und kurz ziehen lassen.

7. In der Zwischenzeit das Toastbrot toasten und aus den Toastbrotscheiben Herzen ausstechen.

8. Den Salat auf Tellern dekorativ anrichten, mit den Toastherzen belegen, garnieren und sofort servieren.

Pro Portion: 380 kcal/1600 kJ
9 g E, 16 g F, 38 g KH

Menge:
Für 4 Personen:

Schwierigkeit:
leicht

Zubereitungszeit:
60 Minuten

Cocktaildressing:
125 g saure Sahne mit 150 g Joghurt, 2–3 EL Obstessig, 2–3 EL Tomatenketchup und 1–2 EL Johannisbeergelee glatt rühren. Das Dressing mit Salz, Pfeffer, Cayennepfeffer und Zitronensaft sowie ½–1 TL Curry nach Geschmack würzen und mit 2 cl Weinbrand aromatisieren und den Salat damit anmachen.

Blattsalate mit Honigvinaigrette

ZUTATEN

1 Kopf Bataviasalat
1 Kopf Friséesalat
200 g Feldsalat
200 g Kirschtomaten
2 Schalotten
125 ml Orangensaft
125 ml Sherryessig
1 Zwiebel
3–4 EL Honig
1 Bund Basilikum
1 Bund Schnittlauch
100 ml Olivenöl
Salz, Pfeffer aus der Mühle
1 Prise Cayennepfeffer

Außerdem:
500 g Rotbarschfilet
Saft von 1 Zitrone
einige Tropfen Worcestersoße
Mehl zum Wenden
Fett zum Braten
Zitronenecken zum Garnieren

Variation:
Statt der Rotbarschfilets können Sie auch Hähnchenbrustfilets oder Putenschnitzelchen verwenden.

ZUBEREITUNG

1. Den Batavia-, den Frisée- und den Feldsalat verlesen, waschen, gut abtropfen lassen, in mundgerechte Stücke zerpflücken und dekorativ anrichten.

2. Die Kirschtomaten waschen, den Strunk herausschneiden, die Tomaten halbieren oder vierteln und mit den geschälten, in Scheiben geschnittenen Schalotten gleichmäßig auf dem Salat verteilen.

3. Den Orangensaft mit dem Sherryessig, der geschälten, fein geschnittenen Zwiebel und dem Honig in eine Schüssel geben.

4. Das Basilikum und den Schnittlauch verlesen, waschen, trocken schütteln, klein schneiden und unter die Vinaigrette rühren.

5. Das Olivenöl tropfenweise einrühren und das Ganze mit Salz, Pfeffer und Cayennepfeffer kräftig abschmecken.

6. Das küchenfertige Rotbarschfilet in Streifen schneiden, mit Zitronensaft und Worcestersoße beträufeln, salzen, pfeffern und in Mehl wenden.

7. Das Fett in einer Pfanne erhitzen, die Fischstreifen darin braten und noch warm auf dem Salat anrichten.

8. Den Salat mit der Honigvinaigrette beträufeln, mit Zitronenecken garnieren und sofort servieren.

Pro Portion: 443 kcal/1860 kJ
26 g E, 28 g F, 15 g KH

Menge:
Für 4 Personen:

Schwierigkeit:
leicht

Zubereitungszeit:
45 Minuten

Honig:
Das gesündeste Süßungsmittel ist der Bienenhonig. Das Naturprodukt besteht zu gleichen Teilen aus einem Gemisch aus Traubenzucker (Glukose) und Fruchtzucker (Fruktose). Honig enthält Eiweiß, Vitamine, Mineralstoffe und Enzyme. Im Handel finden Sie z. B. Rapshonig, Lindenhonig, Akazienhonig, Wald- und Blütenhonig. Hinweise auf besonders sorgfältige Gewinnung, Lagerung und Abfüllung geben die Qualitätsangaben wie „feinste, beste, Auslese, kalt geschleudert oder wabenecht".

Gebratene Entenbrust auf Salat

ZUTATEN

4 küchenfertige Entenbrustfilets
Salz, Pfeffer aus der Mühle
1 TL Kräuter der Provence
Butterschmalz zum Braten
1 Knoblauchzehe

Außerdem:
200 g gemischter Blattsalat (Frisée, Feldsalat, weißer Radicchio)
100 g frische Spinatblätter
200 g Kirschtomaten
100 g frische Champignons
Saft von 1 Zitrone
Saft von 2 Orangen
1–2 EL Dijon-Senf
100 ml weißer Balsamicoessig
50 ml Olivenöl
1 Prise Zucker
1 Prise Cayennepfeffer
Kräuterzweige zum Garnieren

ZUBEREITUNG

1. Die küchenfertigen Entenbrustfilets waschen, trocken tupfen, mit Salz, Pfeffer und Kräutern der Provence würzen.

2. Das Schmalz in einer Pfanne erhitzen. Die geschälte, fein gehackte Knoblauchzehe dazugeben und die Entenbrustfilets darin anbraten.

3. Die Filets in den auf 180–200 °C vorgeheizten Backofen schieben und 15–20 Minuten braten.

4. Inzwischen die Blattsalate und den Spinat verlesen, waschen, gut abtropfen lassen, in mundgerechte Stücke zerpflücken und auf Tellern dekorativ anrichten.

5. Die Kirschtomaten waschen, den Strunk herausschneiden, die Tomaten halbieren oder vierteln.

6. Die Champignons putzen, waschen, in Scheiben schneiden, mit Zitronensaft beträufeln und alles auf dem Salat verteilen.

7. Für das Dressing den Orangensaft mit dem Dijon-Senf und dem Balsamicoessig glatt rühren, das Olivenöl dazugeben und mit Salz, Pfeffer, Zucker und Cayennepfeffer würzen.

8. Die fertig gebratenen Entenbrustfilets aus dem Ofen nehmen, in Scheiben schneiden, noch warm auf dem Salat anrichten, das Ganze mit dem Dressing beträufeln, mit Kräuterzweigen garnieren und sofort servieren.

Pro Portion: 1013 kcal/4256 kJ
20 g E, 92 g F, 10 g KH

Variation:
Versuchen Sie doch auch einmal statt der Entenbrustfilets Rinder- oder Schweinefilet, das in Streifen geschnitten und gebraten eine Köstlichkeit ist.

Menge:
Für 4 Personen:

Schwierigkeit:
mittel

Zubereitungszeit:
30 Minuten

Bunter Gemüseteller mit Sahnesoße

ZUTATEN

500 g Spargel
2 Bund junge Möhrchen
250 g Zuckerschoten
Gemüsebrühe zum Garen
1 TL Butter
1 Stück unbehandelte Zitrone

Für das Pfannengemüse:
3–4 Frühlingszwiebeln
1 TL Butter
3 Tomaten
Salz, Pfeffer aus der Mühle

Für die Soße:
100 g Schalotten
1 TL Butter
100 ml Weißwein
350 ml Gemüsebrühe
100 ml süße Sahne
2 EL Honig
1 Prise Muskat
heller Soßenbinder
1 Bund Dill
Dill zum Garnieren

Tipp:
In der Küche ist das Kraut unentbehrlich. Es passt zu vielen Salaten, besonders zu Gurkensalat. Dillsoße gibt man zu Fischgerichten wie Aal, Hecht oder als Dip. In Essig eingelegte Gurken oder Mixed Pickles sind ohne Dill undenkbar. Aber auch zum Aromatisieren von Essig oder Öl benutzt man die frischen Blätter.

Menge:
Für 4 Personen:

Schwierigkeit:
leicht

Zubereitungszeit:
40 Minuten

ZUBEREITUNG

1. Den Spargel dünn schälen, die unteren Enden abschneiden. Die Möhrchen schälen, die Zuckerschoten verlesen, beides waschen und abtropfen lassen.

2. Die Gemüsebrühe erhitzen, Butter und Zitrone hineingeben. Das Gemüse sortenweise darin bissfest garen, herausnehmen, abtropfen lassen und bereitstellen.

3. Die Frühlingszwiebeln putzen, waschen, in Röllchen schneiden, in der erhitzten Butter anschwitzen.

4. Die Tomaten enthäuten, entkernen, in Streifen schneiden, dazugeben, kurz mitschwitzen, salzen und pfeffern.

5. Für die Soße die Schalotten schälen, fein würfeln und in der erhitzten Butter anschwitzen.

6. Mit Weißwein ablöschen, Brühe, Sahne und Honig hinzufügen und zum Kochen bringen. Mit Salz, Pfeffer und Muskat würzen, fünf Minuten köcheln lassen.

7. Die Soße mit hellem Soßenbinder binden. Den Spargel, die Möhrchen und die Zuckerschoten dazugeben, erhitzen und nochmals abschmecken. Den verlesenen und fein geschnittenen Dill einrühren.

8. Das Gemüse auf Tellern dekorativ anrichten, mit Dillzweigen garnieren, mit Salzkartoffeln und der restlichen Soße sofort servieren.

Pro Portion: 243 kcal/1021 kJ
9 g E, 7 g F, 30 g KH

Rohkost mit Honigquark

ZUTATEN

1 Bund Radieschen
1 Kohlrabi
je 1 rote, gelbe und grüne Paprikaschote
1 Bund Frühlingszwiebeln
1 Bund Möhrchen
250 g Sahnequark
Saft von 1 Zitrone
2 EL Honig
Salz, Pfeffer aus der Mühle
1 Prise Cayennepfeffer
50 ml süße Sahne
1 Bund Schnittlauch

Menge:
Für 4 Personen:

Schwierigkeit:
leicht

Zubereitungszeit:
20 Minuten

ZUBEREITUNG

1. Die Radieschen putzen, waschen und bereitstellen. Den Kohlrabi schälen, waschen und in mundgerechte Stücke schneiden.

2. Die Paprikaschoten halbieren, entkernen, waschen und in Streifen schneiden.

3. Die Frühlingszwiebeln putzen, waschen und in Stücke schneiden.

4. Die Möhrchen putzen, schälen, waschen und mit dem restlichen Gemüse dekorativ anrichten.

5. Den Sahnequark mit dem Zitronensaft und dem Honig in eine Schüssel geben und glatt rühren. Mit Salz, Pfeffer und Cayennepfeffer würzen und die geschlagene Sahne unterziehen.

6. Den Schnittlauch verlesen, waschen, fein schneiden und ebenfalls unter den Quark ziehen. Den Quark in Schälchen füllen und zum Gemüse reichen.

Pro Portion: 199 kcal/836 kJ
8 g E, 13 g F, 10 g KH

Rohkost mit Kräuterquark

(ohne Abbildung)

ZUTATEN

4 Schalotten
50 g gemischte Kräuter
1 Knoblauchzehe
500 g Quark
50 ml süße Sahne
Salz, Pfeffer aus der Mühle
1 Prise Cayennepfeffer
einige Tropfen Zitronensaft
einige Tropfen Worcestersoße
1 EL Pesto (Fertigprodukt)
je 300 g Möhrchen, Radieschen gelbe Paprikaschoten und Kohlrabi
Kräuterzweige zum Garnieren

ZUBEREITUNG

1. Die Schalotten schälen und fein würfeln. Die Kräuter verlesen, waschen, gut abtropfen lassen und fein hacken.

2. Die Knoblauchzehe schälen und fein hacken.

3. Den Quark mit der Sahne in eine Schüssel geben und glatt rühren. Die Schalotten, die Kräuter und den Knoblauch untermischen.

4. Mit Salz, Pfeffer, Cayennepfeffer, Zitronensaft, Worcestersoße und dem Pesto kräftig abschmecken.

5. Die Möhrchen schälen, waschen und halbieren oder vierteln. Die Radieschen putzen, waschen und halbieren.

6. Die Paprikaschoten halbieren, entkernen, waschen und in Streifen schneiden. Die Kohlrabi schälen, waschen, halbieren oder vierteln und in dünne Scheiben schneiden.

7. Die Rohkost dekorativ anrichten, den Kräuterquark dazugeben, mit Kräuterzweigen garnieren und sofort servieren.

Pro Portion: 302 kcal/1268 kJ
17 g E, 18 g F, 15 g KH

Menge:
Für 4 Personen:

Schwierigkeit:
mittel

Zubereitungszeit:
20 Minuten

Geschmorter Fenchel

ZUTATEN

1,2 kg Fenchel, 50 g Butter
1 Zwiebel
2–3 Knoblauchzehen
100 ml Weißwein
300 ml Gemüsebrühe
1 EL Kräuter der Provence
1 Dose geschälte Tomaten
1 TL Kümmel
Salz, Pfeffer aus der Mühle
50 g gemischte, frische Kräuter (Fenchelgrün, Petersilie, Kerbel)

Menge:
Für 4 Personen:

Schwierigkeit:
leicht

Zubereitungszeit:
35 Minuten

ZUBEREITUNG

1. Den Fenchel putzen, vierteln und den Strunk herausschneiden.

2. Die Butter in einem Topf erhitzen. Zwiebel und Knoblauch schälen, fein würfeln, ins Fett geben und glasig schwitzen. Die Fenchelstücke in die Knoblauchbutter legen. Den Weißwein und die Gemüsebrühe angießen.

3. Mit Kräutern der Provence bestreuen und im auf 180–200 °C vorgeheizten Backofen zugedeckt 10–12 Minuten schmoren.

4. In der Zwischenzeit die geschälten Tomaten hacken, mit Kümmel, Salz und Pfeffer kräftig würzen.

5. Die Tomaten gleichmäßig über dem Fenchel verteilen und diesen erneut 8–10 Minuten schmoren.

6. Nach Ende der Garzeit den geschmorten Fenchel mit Salz und Pfeffer nachwürzen.

7. Mit den verlesenen, gewaschenen und fein geschnittenen Kräutern bestreuen, dekorativ anrichten, garnieren und sofort servieren.

Pro Portion: 215 kcal/903 kJ
9 g E, 12 g F, 13 g KH

Gefüllte Sellerieschnitzel

(ohne Abbildung)

ZUTATEN

1 große Knolle Sellerie (800–1000 g)
Salzwasser oder Gemüsebrühe zum Garen
Salz, Pfeffer aus der Mühle
8 Scheiben gekochter Schinken
8 Scheiben Butterkäse
Mehl zum Wenden
3 Eier
Semmelbrösel zum Panieren
Butterschmalz zum Braten
Kräuterzweige zum Garnieren

ZUBEREITUNG

1. Den Sellerie schälen und in 1 cm dicke Scheiben schneiden.

2. Salzwasser oder Gemüsebrühe in einem Topf zum Kochen bringen.

3. Die Selleriescheiben darin bissfest garen, herausnehmen, gut abtropfen lassen, mit Salz und Pfeffer würzen.

4. Die Hälfte der Selleriescheiben mit Schinken belegen, mit Käsescheiben abdecken und die restlichen Selleriescheiben darauflegen.

5. Die Sellerieschnitzel in Mehl wenden. Die Eier verschlagen, die Sellerieschnitzel durchziehen und in Semmelbröseln panieren.

6. Butterschmalz in einer beschichteten Pfanne erhitzen und die Schnitzel darin auf beiden Seiten goldgelb ausbacken.

7. Die Sellerieschnitzel auf Tellern dekorativ anrichten, mit Kräuterzweigen garnieren und mit einem bunten Salat mit Kräutervinaigrette sofort servieren.

Pro Portion: 365 kcal/1533 kJ
27 g E, 21 g F, 11 g KH

Menge:
Für 4 Personen:

Schwierigkeit:
leicht

Zubereitungszeit:
35 Minuten

Gemüseteller mit Käsesoße

ZUTATEN

100 g grüne Bohnen (TK-Produkt)
100 g grüne Erbsen (TK-Produkt)
200 g Brokkoliröschen (TK-Produkt)
200 g Blumenkohl (TK-Produkt)
4 Tomaten
500 ml Gemüsebrühe

Außerdem:
1 TL Butter
1 Zwiebel
200 ml süße Sahne
100 g Gorgonzola (60 % Fett)
Salz, Pfeffer aus der Mühle
1 Prise Muskat
1 Prise Cayennepfeffer
½ Bund Schnittlauch

ZUBEREITUNG

1. Die Bohnen, die Erbsen, den Brokkoli sowie den Blumenkohl auftauen lassen. Die Tomaten enthäuten, entkernen und in mundgerechte Stücke schneiden.

2. Die Gemüsebrühe in einem Topf erhitzen. Die Bohnen, die Erbsen, die Brokkoli- und die Blumenkohlröschen darin sortenweise bissfest garen, herausnehmen, in eine Schüssel geben und die Tomaten hinzufügen.

3. Die Butter in einem Topf erhitzen und die geschälte, fein gehackte Zwiebel darin glasig schwitzen.

4. Mit der Gemüsebrühe aufgießen. Die Soße bei mäßiger Hitze 4–5 Minuten einkochen lassen und zum Schluss die Sahne und den in Würfel geschnittenen Gorgonzola einrühren.

5. Die Soße erneut 2–3 Minuten köcheln lassen und das Ganze mit Salz, Pfeffer, Muskat und Cayennepfeffer abschmecken.

6. Die Soße auf Tellern dekorativ anrichten, das in etwas Gemüsebrühe erhitzte Gemüse gleichmäßig darauf verteilen, mit gewaschenen Schnittlauchstängeln belegen, garnieren und sofort servieren.

Pro Portion: 374 kcal/1570 kJ
12 g E, 27 g F, 14 g KH

Menge:
Für 4 Personen:

Schwierigkeit:
leicht

Zubereitungszeit:
35 Minuten

Käse in der Küche:

Käse bleibt länger frisch und schimmelt nicht so schnell, wenn ein Stückchen Würfelzucker unter die Käseglocke gelegt wird. Das saugt die Feuchtigkeit auf. Oder geben Sie Käse in eine luftdicht verschließbare Kunststoffschachtel, die mit Butterbrotpapier ausgelegt ist, und verwahren Sie diese im Kühlschrank. Das verhindert das Austrocknen und den Ansatz von Schimmel. Käse bleibt auch frisch, wenn man ihn in ein mit Essig befeuchtetes Tuch wickelt. Harte Käse werden nur gerieben oder geschabt verwendet (Parmesan). Zum Überbacken mischt man den geriebenen Hartkäse mit Sahne oder verquirltem Ei.

Hähnchenbrust mit Lauchgemüse

ZUTATEN

4 Hähnchenbrustfilets (ca. 600 g)
Salz, Pfeffer aus der Mühle
2 EL Mehl, 1 EL Butterschmalz
2 Stangen Lauch
200 g Karotten
400 g Kartoffeln
1 EL Butterschmalz
400 ml Geflügelbrühe
3–4 EL geriebener Meerrettich
4 EL Crème fraîche
1 Bund Petersilie
Petersilie zum Garnieren

Menge:
Für 4 Personen:

Schwierigkeit:
leicht

Zubereitungszeit:
35 Minuten

ZUBEREITUNG

1. Die Hähnchenbrustfilets unter fließendem Wasser waschen, trocken tupfen, mit Salz und Pfeffer würzen und in Mehl wenden.

2. Das Butterschmalz in einer Pfanne erhitzen und das Fleisch darin etwa acht Minuten braten, herausnehmen und warm stellen.

3. Das Gemüse entsprechend putzen, waschen und klein schneiden. Butterschmalz in einem Topf erhitzen und das Gemüse darin anbraten.

4. Die Geflügelbrühe angießen und das Ganze 10–15 Minuten köcheln lassen. Den Meerrettich und die Crème fraîche einrühren. Die Petersilie verlesen, waschen, fein schneiden und zum Gemüse geben. Mit Salz und Pfeffer abschmecken.

5. Die Hähnchenbrustfilets in Scheiben schneiden, mit dem Gemüse auf heißen Tellern dekorativ anrichten, mit Petersilie garnieren und sofort servieren.

Pro Portion: 495 kcal/2082 kJ
49 g E, 16 g F, 24 g KH

Kürbisschnitzel mit Dip

(ohne Abbildung)

ZUTATEN

1,2 kg Kürbisfruchtfleisch
Salz, Pfeffer aus der Mühle
1 EL Paprikapulver
1 EL Curry
Mehl zum Wenden
2–3 Eier
100 g Semmelbrösel
50 g geriebener Parmesankäse
Fett zum Ausbacken
300 g Sahnedickmilch
Saft von 1 Zitrone
1–2 EL Honig
50 ml Apfelessig
1 Prise Cayennepfeffer
Kresse zum Bestreuen

ZUBEREITUNG

1. Das Kürbisfruchtfleisch in etwa 2–3 cm dicke Scheiben schneiden. Die Scheiben mit Salz, Pfeffer, Paprika und Curry kräftig würzen. Anschließend die Kürbisscheiben in Mehl wenden.

2. Die Eier in eine Schüssel geben und verschlagen. Die Semmelbrösel mit dem Parmesankäse vermischen.

3. Die Kürbisscheiben zuerst durch die Eier ziehen und anschließend mit den Bröseln panieren.

4. Fett in einer Pfanne erhitzen und die Kürbisschnitzel darin goldgelb ausbacken.

5. Die Sahnedickmilch mit dem Zitronensaft und dem Honig sowie dem Apfelessig glatt rühren, mit Salz, Pfeffer und Cayennepfeffer abschmecken.

6. Die Kürbisschnitzel mit dem Dip dekorativ anrichten, mit der verlesenen, gewaschenen und geschnittenen Kresse bestreuen, garnieren und sofort servieren.

7. Dazu reicht man einen großen gemischten Salat mit Essig-Öl-Dressing.

Pro Portion: 342 kcal/1436 kJ
17 g E, 12 g F, 38 g KH

Menge:
Für 4 Personen:

Schwierigkeit:
mittel

Zubereitungszeit:
25 Minuten

Erbsengemüse auf französische Art

ZUTATEN

500 g frische, grüne Erbsen
200 g Perlzwiebeln
1 TL Butter oder Margarine
250 ml Gemüsebrühe
Salz, Pfeffer aus der Mühle
1 Prise Cayennepfeffer
1 Prise Muskat
1 Prise Zucker
2 Kopfsalatherzen

Menge:
Für 4 Personen:

Schwierigkeit:
leicht

Zubereitungszeit:
25 Minuten

ZUBEREITUNG

1. Die Erbsen verlesen, waschen, gut abtropfen lassen und bereitstellen. Die Perlzwiebeln schälen und je nach Größe halbieren oder vierteln.

2. Die Butter oder Margarine in einem Topf erhitzen und die Zwiebeln darin glasig schwitzen.

3. Die Erbsen dazugeben, die Gemüsebrühe angießen und das Gemüse bissfest garen. Mit Salz, Pfeffer, Cayennepfeffer, Muskat und Zucker abschmecken.

4. Die verlesenen, gewaschenen Kopfsalatblätter zum Gemüse geben und kurz durchschwenken. Das Erbsengemüse dekorativ anrichten, garnieren und sofort servieren.

Pro Portion: 179 kcal/752 kJ
9 g E, 3 g F, 25 g KH

Erbsentopf mit Putenbrust

(ohne Abbildung)

ZUTATEN

300 g Putenbrustfilet
2 Zwiebeln, 1 TL Butter
500 g grüne Erbsen
125 ml Weißwein
500 ml Gemüsebrühe
Salz, Pfeffer aus der Mühle
Cayennepfeffer, Zucker
2 EL Obstessig
100 g Crème fraîche
Kräuterzweige zum Garnieren

Menge:
Für 4 Personen:

Schwierigkeit:
leicht

Zubereitungszeit:
25 Minuten

ZUBEREITUNG

1. Das Putenbrustfilet waschen, trocken tupfen und würfeln. Die Zwiebeln schälen und in Ringe schneiden. Die Butter in einem Topf erhitzen. Die Putenbrustwürfel und die Zwiebeln darin anbraten.

2. Die Erbsen dazugeben, mit dem Wein ablöschen, die Brühe angießen und das Ganze einmal aufkochen lassen. Den Erbsentopf mit Salz, Pfeffer, Cayennepfeffer und Zucker würzen und 10 Minuten bei mäßiger Hitze köcheln lassen.

3. Den Erbsentopf mit Obstessig leicht säuerlich abschmecken. Den Erbsentopf dekorativ anrichten, je einen Klacks Crème fraîche in die Mitte setzen, mit Kräuterzweigen garnieren und sofort servieren.

Pro Portion: 329 kcal/1382 kJ
27 g E, 12 g F, 6 g KH

Gratinierter Blumenkohl mit Tomatensoße

ZUTATEN

je 1 mittelgroßer Kopf Blumenkohl und Romanesco
Gemüsebrühe zum Garen

Für den Guss:
2 Eier
100 ml Milch
200 g Schmelzkäse
Salz, Pfeffer aus der Mühle
1 Prise Cayennepfeffer
1 Prise Muskat
Fett für die Form

Für die Tomatensoße:
1–2 EL Butter oder Margarine
1 Zwiebel
800 g Tomaten
2–3 EL Tomatenmark
1 Prise Zucker
Basilikumblättchen zum Garnieren

Variation:
Statt des Blumenkohls können Sie auch sehr gut Kohlrabi oder Stangensellerie verwenden.

ZUBEREITUNG

1. Den Blumenkohl und den Romanesco putzen, waschen, gut abtropfen lassen, vierteln oder in grobe Röschen schneiden.

2. Die Gemüsebrühe in einem Topf zum Kochen bringen, den Blumenkohl und den Romanesco einlegen und 6–8 Minuten garen.

3. Den Blumenkohl und den Romanesco herausnehmen, gut abtropfen lassen und bereitstellen.

4. Die Eier mit der Milch und dem Schmelzkäse in einer Schüssel verrühren, mit Salz, Pfeffer, Cayennepfeffer und Muskat kräftig abschmecken.

5. Eine Auflaufform ausfetten, den Blumenkohl und den Romanesco einsetzen, mit dem Guss überziehen und im auf 180 °C vorgeheizten Backofen 25–30 Minuten garen.

6. Die Butter oder Margarine erhitzen und die geschälte, fein gehackte Zwiebel darin anschwitzen.

7. Die Tomaten enthäuten, entkernen, in Würfel schneiden, mit dem Tomatenmark zu der Zwiebel geben und kräftig aufkochen lassen.

8. Mit einer Gabel die Tomaten zerdrücken oder mit dem Pürierstab pürieren. Die Soße mit Salz, Pfeffer, Zucker und Cayennepfeffer kräftig abschmecken und auf heißen Tellern dekorativ anrichten.

9. Den gratinierten Kohl auf die Soße setzen, mit Basilikumblättchen garnieren und sofort mit einem Radieschensalat servieren.

Pro Portion: 350 kcal/1471 kJ
20 g E, 21 g F, 15 g KH

Menge:
Für 4 Personen:

Schwierigkeit:
leicht

Zubereitungszeit:
50 Minuten

Kasnudeln mit Frühlingszwiebeln

ZUTATEN

300 g Makkaroni
Salzwasser zum Garen
einige Tropfen Olivenöl

Außerdem:
1 TL Olivenöl
1 Zwiebel
2 Knoblauchzehen
1 Bund Frühlingszwiebeln
100 ml Weißwein
100 ml Gemüsebrühe
4 Tomaten
Salz, Pfeffer aus der Mühle
1 Prise Cayennepfeffer
Fett für die Form
100 g geriebener Butterkäse
Kräuterzweige zum Garnieren

ZUBEREITUNG

1. Die Makkaroni im Salzwasser mit dem Olivenöl bissfest garen, abgießen, abschrecken und gut abtropfen lassen.

2. Das Olivenöl in einer Pfanne erhitzen. Die Zwiebel und die Knoblauchzehen schälen, fein würfeln, ins Fett geben und glasig schwitzen.

3. Die Frühlingszwiebeln putzen, waschen und in Scheiben schneiden. Zu den Knoblauchzwiebeln geben und kurz mitschwitzen.

4. Den Weißwein und die Gemüsebrühe angießen. Die Makkaroni, die enthäuteten, entkernten und in Stücke geschnittenen Tomaten dazugeben, durchschwenken, erhitzen, mit Salz, Pfeffer und Cayennepfeffer würzen.

5. Die Gemüsenudeln in eine ausgefettete Auflaufform füllen, mit dem geriebenen Butterkäse bestreuen und im auf 180–200 °C vorgeheizten Backofen 12–15 Minuten überbacken.

6. Die Kasnudeln mit Frühlingszwiebeln herausnehmen, dekorativ anrichten, mit Kräuterzweigen garnieren und sofort servieren.

Pro Portion: 270 kcal/1137 kJ
15 g E, 11 g F, 19 g KH

Variation:
Statt der Frühlingszwiebeln können Sie auch sehr gut Lauch, Sprossen oder Stangensellerie verwenden.

Nudeln:
Nudeln kleben nicht aneinander und werden geschmeidiger, wenn man in das Kochwasser einige Tropfen Öl gibt. Das Abschrecken mit kaltem Wasser nach dem Kochen ist wichtig, damit der richtige Garpunkt der Nudeln erhalten bleibt und der Garprozess sofort endet. Beim Kochen von Nudeln kommt es auf die ausreichende Wassermenge an; man rechnet einen Liter Wasser auf 100 g Nudeln. Nudeln darf man nur in kochendes Wasser geben und man muss sie sofort kräftig umrühren, damit sie nicht am Topfboden kleben bleiben. Wenn Sie dem Nudelwasser etwas Gemüse- oder Fleischbrühe zufügen, bekommen die Nudeln einen herzhaften Geschmack.

Menge:
Für 4 Personen:

Schwierigkeit:
leicht

Zubereitungszeit:
45 Minuten

Zucchiniauflauf

ZUTATEN

1 kg Zucchini
500 g Tomaten
Fett für die Form
Salz, Pfeffer aus der Mühle
1 Prise Zucker
3 Knoblauchzehen
1 Zweig frischer Oregano
100 ml Olivenöl
30 g Pinienkerne
Basilikumblättchen zum Garnieren

Menge:
Für 4 Personen:

Schwierigkeit:
leicht

Zubereitungszeit:
50 Minuten

ZUBEREITUNG

1. Die Zucchini putzen, waschen, die Tomaten waschen, vom Strunk befreien und beides in Scheiben schneiden.

2. Das Gemüse in eine ausgefettete Auflaufform einschichten und mit Salz, Pfeffer und einer Prise Zucker würzen.

3. Die Knoblauchzehen schälen und klein schneiden, mit dem abgezupften Oregano und etwas Salz zu einer Paste zerreiben.

4. Das Olivenöl mit der Paste vermischen und auf dem Gemüse verteilen.

5. Die Pinienkerne über den Auflauf streuen und diesen in dem auf 180–200 °C vorgeheizten Backofen 30–35 Minuten garen, die letzten 10 Minuten mit Alufolie abdecken.

6. Nach Ende der Garzeit den Zucchiniauflauf aus dem Ofen nehmen, dekorativ anrichten, mit Basilikumblättchen garnieren und sofort servieren.

Pro Portion: 350 kcal/1470 kJ
7 g E, 29 g F, 10 g KH

Zucchini-Peperonata

(ohne Abbildung)

ZUTATEN

500 g Auberginen
1 kg Zucchini
je 1 rote, gelbe und grüne Paprikaschote
200 ml Olivenöl
4–5 Knoblauchzehen
je 3–4 Zweige Rosmarin und Thymian
Salz, Pfeffer aus der Mühle
etwa 400–500 ml Olivenöl zum Auffüllen

ZUBEREITUNG

1. Die Auberginen putzen, waschen, je nach Größe halbieren oder vierteln und anschließend in dünne Scheiben schneiden. Die Zucchini putzen, waschen und in Scheiben schneiden.

2. Die Paprikaschoten halbieren, entkernen, waschen und in 1–2 cm dicke Streifen schneiden.

3. Olivenöl in einer Pfanne erhitzen, sortenweise die Auberginen- und Zucchinischeiben darin braten, herausnehmen und bereitstellen.

4. Die Knoblauchzehen schälen und in Scheiben schneiden, mit den Paprikastreifen ins verbliebene Bratfett geben und kurz braten.

5. Die Kräuterzweige verlesen, waschen, klein schneiden und zu den Paprikastreifen geben.

6. Zum Schluss die Auberginen und die Zucchini hinzufügen und durchschwenken. Mit Salz und Pfeffer kräftig würzen.

7. Das Gemüse gleichmäßig in dekorative Einmachgläser füllen und vollständig erkalten lassen. So viel Olivenöl angießen, bis das Gemüse bedeckt ist.

8. Die Gläser gut verschließen und bis zum Verzehr an einem kühlen, dunklen Ort aufbewahren.

Pro Portion: 554 kcal/2327 kJ
7 g E, 51 g F, 12 g KH

Menge:
Für 4 Personen:

Schwierigkeit:
leicht

Zubereitungszeit:
35 Minuten

Safran-Gemüse-Nudeln

ZUTATEN

200 g Romanesco
200 g Brokkoli
2 Karotten, 1 Stange Lauch
Salzwasser zum Blanchieren
1 Zwiebel
200 g Kirschtomaten
1 TL Butter
100 ml Weißwein
500 g bissfest gegarte Bandnudeln
Salz, Pfeffer aus der Mühle
1 Prise Cayennepfeffer
1 Msp. Safran
einige Tropfen Zitronensaft
einige Tropfen Worcestersoße

Menge:
Für 4 Personen:

Schwierigkeit:
leicht

Zubereitungszeit:
30 Minuten

ZUBEREITUNG

1. Das Gemüse putzen, waschen, in mundgerechte Stücke schneiden und im Salzwasser sortenweise kurz blanchieren.

2. Die Zwiebel schälen, fein würfeln, die Kirschtomaten waschen, den Strunk herausschneiden und die Tomaten halbieren.

3. Die Butter in einer Pfanne erhitzen, die Zwiebel und die Tomaten darin glasig schwitzen.

4. Das Gemüse dazugeben und kurz mitschwitzen.

5. Den Weißwein angießen, die Bandnudeln unter das Gemüse mischen, durchschwenken und erhitzen.

6. Mit Salz, Pfeffer, Cayennepfeffer, Safran, Zitronensaft und Worcestersoße kräftig würzen. Die Safran-Gemüse-Nudeln dekorativ anrichten und sofort servieren.

Pro Portion: 518 kcal/2176 kJ
17 g E, 4 g F, 94 g KH

Shiitake-Ragout

(ohne Abbildung)

ZUTATEN

je 250 g frische Champignons und Shiitake-Pilze
Saft von 1 Zitrone
2–3 Karotten
1 TL Butter
1 Zwiebel
100 ml Weißwein
250 ml Gemüsebrühe
Salz, Pfeffer aus der Mühle
Cayennepfeffer, Muskat
2–3 EL Obstessig
50 g frische Kräuter
200 g Tofu
1 TL Sonnenblumenöl
1 EL Curry
200 g bissfest gegarter Ebly (Weichweizen)

ZUBEREITUNG

1. Die Pilze putzen, waschen, trocken tupfen, halbieren oder vierteln und mit Zitronensaft beträufeln. Die Karotten schälen und in Würfel oder Scheiben schneiden.

2. Die Butter in einer Pfanne erhitzen und die geschälte und fein gewürfelte Zwiebel darin anschwitzen.

3. Die Pilze und die Karotten dazugeben und dünsten. Mit Wein ablöschen, mit der Brühe aufgießen und 5–6 Minuten köcheln lassen.

4. Mit Salz, Pfeffer, Cayennepfeffer, Muskat und Obstessig kräftig abschmecken. Die Kräuter verlesen, waschen, fein hacken und unter das Ragout rühren.

5. Den Tofu in Würfel schneiden, das Öl in einer Pfanne erhitzen und den Tofu darin braten. Mit Curry, Salz, Pfeffer und Cayennepfeffer würzen.

6. Das Champignon-Shiitake-Ragout dekorativ anrichten, die gebratenen Tofuwürfel darauf verteilen, garnieren und das Ragout mit dem bissfest gegarten Ebly servieren.

Pro Portion: 245 kcal/1029 kJ
10 g E, 4 g F, 34 g KH

Menge:
Für 4 Personen:

Schwierigkeit:
leicht

Zubereitungszeit:
25 Minuten

Gefüllte Tomaten im Spaghettinest

ZUTATEN

200 g Spaghetti
Salzwasser zum Garen
200 g Champignons aus der Dose
4 feste Tomaten
Salz
1 Zwiebel
200 g Rinderhackfleisch
1 TL Tomatenmark
Pfeffer aus der Mühle
1 Prise Cayennepfeffer
½ Bund Petersilie
200 ml Gemüse- oder Fleischbrühe
2 Knoblauchzehen
Basilikum zum Garnieren

Variation:
Selbstverständlich können Sie statt der Champignons aus der Dose auch frische Champignons verwenden. Diese sollten Sie aber nach dem putzen mit Zitronensaft beträufeln und in einer Pfanne mit etwas Butter glasig schwitzen.

Menge:
Für 4 Personen:

Schwierigkeit:
leicht

Zubereitungszeit:
45 Minuten

ZUBEREITUNG

1. Die Spaghetti im Salzwasser bissfest garen, abgießen, abtropfen lassen und in eine Auflaufform füllen. Die Champignons darauf verteilen.

2. Die Tomaten waschen, einen Deckel abschneiden, das Kerngehäuse mit einem Löffel herausschaben und die Tomaten innen leicht salzen.

3. Die Zwiebel schälen, fein würfeln und in einer beschichteten Pfanne anschwitzen. Das Rinderhackfleisch dazugeben und anbraten.

4. Das Tomatenmark einrühren, das Ganze mit Salz, Pfeffer und Cayennepfeffer abschmecken. Die verlesene, gewaschene und fein gehackte Petersilie untermischen.

5. Die Hackfleischmasse in die Tomaten füllen und auf die Spaghetti setzen. Die Gemüse- oder Fleischbrühe angießen.

6. Die Knoblauchzehen schälen, in feine Scheiben schneiden und zu den Spaghetti geben.

7. Die gefüllten Tomaten im auf 200 °C vorgeheizten Backofen 10–15 Minuten garen.

8. Nach Ende der Garzeit die gefüllten Tomaten aus dem Ofen nehmen, dekorativ anrichten, mit Basilikum garnieren und sofort servieren.

Pro Portion: 357 kcal/1499 kJ
20 g E, 9 g F, 44 g KH

Gemüserisotto

ZUTATEN

1 Zwiebel
2 Knoblauchzehen
2 Karotten
200 g Stangenspargel
1 gelbe Paprikaschote
1 Zucchini
1 TL Butter oder Margarine
300 g Rundkornreis
100 ml Weißwein
500 ml Gemüse- oder Fleischbrühe
Salz, Pfeffer aus der Mühle
1 Prise Cayennepfeffer
1 Prise Muskat
2 Tomaten
50 ml süße Sahne

Außerdem:
50 g frisch gehobelter Parmesankäse
Kräuterzweige zum Garnieren

Variation:

Wenn Sie keinen Reis zur Hand haben, können Sie dieses Gericht auch mit Bulgur, Weizen- oder Haferkörnern oder aber auch mit Nudeln herstellen.

Menge:
Für 4 Personen:

Schwierigkeit:
leicht

Zubereitungszeit:
50 Minuten

ZUBEREITUNG

1. Die Zwiebel und die Knoblauchzehen schälen und in feine Würfel schneiden.

2. Die Karotten schälen und fein würfeln. Den Stangenspargel putzen, die Enden abschneiden und den Spargel in 1–2 cm dicke Stücke schneiden.

3. Die Paprikaschote halbieren, entkernen, waschen und in mundgerechte Stücke schneiden. Die Zucchini putzen, waschen und würfeln.

4. Die Butter oder Margarine in einem Topf erhitzen. Die Zwiebel, den Knoblauch, die Karotten, den Spargel und die Paprikaschote dazugeben und kurz anschwitzen.

5. Den Rundkornreis unter fließendem Wasser waschen, gut abtropfen lassen, zum Gemüse geben und kurz mitschwitzen.

6. Den Weißwein und die Gemüse- oder Fleischbrühe angießen, mit Salz, Pfeffer, Cayennepfeffer und Muskat würzen.

7. Das Risotto im auf 180–200 °C vorgeheizten Backofen in 20–25 Minuten ausquellen lassen, dabei öfter umrühren.

8. 10 Minuten vor Garende die Zucchiniwürfel hinzufügen und fertig garen. Nach Ende der Garzeit das Gemüserisotto aus dem Ofen nehmen.

9. Die enthäuteten, entkernten und in Würfel geschnittenen Tomaten mit der Sahne und der Hälfte des gehobelten Parmesankäses unter das Risotto mischen. Auf dem Herd nochmals kurz erhitzen.

10. Anschließend das Gemüserisotto dekorativ anrichten, mit dem restlichen Parmesankäse bestreuen, mit Kräuterzweigen garnieren und sofort servieren.

Pro Portion: 418 kcal/1756 kJ
13 g E, 9 g F, 63 g KH

Spinatbandnudeln mit Karotten-Sellerie-Soße

ZUTATEN

300 g Spinatbandnudeln
Salzwasser zum Garen
500 g Karotten
250 g Sellerie
1 TL Butter
1 Zwiebel
Salz, Pfeffer aus der Mühle
1 Prise Cayennepfeffer
1 Prise Muskat
1 Bund Petersilie

Menge:
Für 4 Personen:

Schwierigkeit:
leicht

Zubereitungszeit:
40 Minuten

ZUBEREITUNG

1. Die Nudeln im Salzwasser bissfest garen, herausnehmen, abschrecken, gut abtropfen lassen und warm stellen.

2. Die Karotten und den Sellerie putzen, in kleine Stücke schneiden, ins Salzwasser geben und bissfest garen. Herausnehmen und warm stellen.

3. Die Butter in einem Topf erhitzen, die geschälte und fein gewürfelte Zwiebel darin anbraten. Das Gemüse dazugeben, durchschwenken, pürieren und erhitzen.

4. Das Ganze mit Salz, Pfeffer, Cayennepfeffer und Muskat kräftig abschmecken.

5. Die Spinatbandnudeln mit der Karotten-Sellerie-Soße anrichten, mit der verlesenen, gewaschenen und fein gehackten Petersilie bestreuen und mit gebratenen Schweinerückensteaks servieren.

Pro Portion: 332 kcal/1394 kJ
11 g E, 3 g F, 62 g KH

Bouillonkartoffeln

(ohne Abbildung)

ZUTATEN

500 g Kartoffeln
1 Sellerieknolle (ca. 300 g)
4 Karotten
1 Stange Lauch (ca. 200 g)
2 Zwiebeln
500 ml Gemüsebrühe
2 Lorbeerblätter
einige Nelken
Salz, Pfeffer aus der Mühle
Muskat, Cayennepfeffer
200 g gekochtes Kasseler
½ Bund Petersilie

ZUBEREITUNG

1. Die Kartoffeln schälen, waschen, trocken tupfen und in mundgerechte Würfel schneiden.

2. Das Gemüse putzen, waschen und ebenfalls in mundgerechte Stücke schneiden. Die Zwiebeln schälen und fein würfeln.

3. Die Gemüsebrühe mit den Lorbeerblättern und den Nelken in einem Topf zum Kochen bringen, mit Salz, Pfeffer, Muskat und Cayennepfeffer kräftig abschmecken.

4. Die Kartoffeln und das Gemüse dazugeben und bissfest garen.

5. Das Kasseler in Würfel schneiden, zu den Bouillonkartoffeln geben und erhitzen.

6. Die Bouillonkartoffeln mit Kasseler dekorativ anrichten, mit der verlesenen, gewaschenen und fein gehackten Petersilie bestreuen und sofort servieren.

Pro Portion: 296 kcal/1243 kJ
17 g E, 10 g F, 29 g KH

Menge:
Für 4 Personen:

Schwierigkeit:
leicht

Zubereitungszeit:
30 Minuten

Gemüse-Kartoffelauflauf

ZUTATEN

600 g Kartoffeln
300 ml Milch
100 ml süße Sahne
Salz
weißer Pfeffer aus der Mühle
1 Prise Muskat

Für das Gemüse:
4 Karotten
400 g Romanesco
Salzwasser oder Gemüsebrühe zum Garen
1 TL Butter
1 Zwiebel
150 g frische Champignons
Saft von ½ Zitrone
1 Paar Wiener Würstchen oder Würstchen nach Geschmack
100 g grüne Erbsen (TK-Produkt)
Fett für die Form
125 g geriebener Butterkäse

Außerdem:
Kräuterzweige zum Garnieren

ZUBEREITUNG

1. Die Kartoffeln unter fließendem Wasser abbürsten, schälen und in Scheiben schneiden.

2. Die Milch mit der Sahne in einem Topf zum Kochen bringen. Die Kartoffeln dazugeben, mit Salz, Pfeffer und Muskat würzen und die Kartoffeln bei mäßiger Hitze 15 Minuten garen.

3. Die Karotten schälen, der Länge nach in dünne Scheiben schneiden und mit Ausstechförmchen dekorativ ausstechen. Den Romanesco verlesen, waschen, abtropfen lassen und in mundgerechte Stücke schneiden.

4. Salzwasser oder Gemüsebrühe in einem Topf erhitzen. Die Karotten und den Romanesco darin bissfest garen, herausnehmen und gut abtropfen lassen.

5. Butter in einer Pfanne erhitzen. Die Zwiebel schälen, fein würfeln, ins Fett geben und glasig schwitzen.

6. Die Champignons putzen, waschen, in Scheiben schneiden, mit Zitronensaft beträufeln, zu der Zwiebel geben und mitschwitzen.

7. Die Würstchen in Scheiben schneiden, mit den Erbsen und dem Gemüse zu den Champignons geben und kurz durchschwenken. Mit Salz, Pfeffer und Muskat würzen.

8. Die Kartoffeln in eine ausgefettete Auflaufform geben, mit dem Gemüse überziehen, mit dem geriebenen Butterkäse bestreuen und im auf 180–200 °C vorgeheizten Backofen 20–25 Minuten garen.

9. Nach Ende der Garzeit den Gemüse-Kartoffelauflauf herausnehmen, dekorativ anrichten, mit Kräuterzweigen garnieren und sofort servieren.

Pro Portion: 537 kcal/2258 kJ
21 g E, 24 g F, 41 g KH

Variation:
Statt der Wiener Würstchen können Sie auch einen kalten Schweine- oder Kalbsbraten, gekochte oder gebratene Hähnchenbrust oder gekochten Schinken verwenden.

Menge:
Für 4 Personen:

Schwierigkeit:
leicht

Zubereitungszeit:
50 Minuten

Gemüsecurry

ZUTATEN

2 Karotten
400 g Blumenkohl
200 g Brokkoliröschen
1 Chilischote
1 Mango
1 TL Sesamöl
1 Zwiebel
2 Knoblauchzehen
1–2 EL Curry
1 TL Fünfgewürzpulver
1 Msp. Kreuzkümmelpulver
250 ml Kokosnussmilch
125 ml Gemüsebrühe
125 ml Milch
Speisestärke zum Binden
Salz, Pfeffer aus der Mühle
4 EL Pflaumensoße

Variation:
Sehr gut passen zum Gemüsecurry auch noch ein Mangochutney. Hierfür 2 Zwiebeln schälen und würfeln. 2 Mangos dünn schälen, das Fruchtfleisch von den Kernen lösen und in Würfel schneiden. 1–2 Chilischoten halbieren, entkernen, waschen und in Streifen schneiden. 2–3 EL Olivenöl erhitzen, die Zwiebeln dazugeben und glasig schwitzen. Die Mangowürfel und die Chilistreifen einrühren und kurz mitschwitzen. 200 ml Weißwein, 50 ml Essig und 50 g Zucker einrühren, salzen und pfeffern. Das Ganze zum Kochen bringen und 10 Minuten köcheln lassen. Mit angerührter Speisestärke binden, nachwürzen, abkühlen lassen und servieren.

Menge:
Für 4 Personen:

Schwierigkeit:
leicht

Zubereitungszeit:
40 Minuten

ZUBEREITUNG

1. Die Karotten schälen und in Scheiben oder Würfel schneiden.

2. Den Blumenkohl putzen, waschen in Röschen zerpflücken und je nach Bedarf klein schneiden.

3. Die Brokkoliröschen waschen und ebenfalls klein schneiden.

4. Die Chilischote halbieren, entkernen, waschen und in feine Würfel schneiden.

5. Die Mango dünn schälen, das Fruchtfleisch vom Kern schneiden und würfeln.

6. Das Sesamöl im Wok erhitzen. Die Zwiebel und die Knoblauchzehen schälen, fein würfeln, dazugeben und braten.

7. Die Karotten, den Blumenkohl und die Brokkoliröschen sowie die Chilischote hinzufügen und pfannenrühren. Zum Schluss die Mangowürfel dazugeben und bei mäßiger Hitze mitdünsten.

8. Das Gemüse mit Curry und Fünfgewürzpulver bestreuen, mit Kreuzkümmel abrunden.

9. Die Kokosnussmilch, die Gemüsebrühe und die Milch angießen, das Ganze bei mäßiger Hitze 6–8 Minuten köcheln lassen und anschließend mit etwas angerührter Speisestärke leicht binden.

10. Das Gemüsecurry salzen und pfeffern, mit Pflaumensoße abrunden, dekorativ anrichten, garnieren und mit einer Langkorn-Wildreismischung sofort servieren.

Pro Portion: 122 kcal/512 kJ
6 g E, 3 g F, 16 g KH

Tortillas mit Gemüsefüllung

ZUTATEN

200 g Weizenmehl
200 g Maismehl
3 Eier
500 ml Milch
Salz, Pfeffer aus der Mühle
Butterschmalz zum Ausbacken

Für die Füllung:
1 EL Butter
1 Zwiebel
2 Chilischoten
1 Dose weiße Bohnen
1 Dose Kidneybohnen
1 Dose Zuckermais
1 TL Paprikapulver, rosenscharf
1 TL Kreuzkümmel
1 TL Korianderpulver

ZUBEREITUNG

1. Das Weizenmehl mit dem Maismehl, den Eiern und der Milch in eine Schüssel geben, salzen und pfeffern und mit dem Knethaken der Küchenmaschine zu einem glatten Teig verarbeiten.

2. Den Teig portionsweise in wenig Butterschmalz in einer Pfanne zu Fladen ausbacken.

3. Für die Füllung die Butter erhitzen, die geschälte und in Scheiben geschnittene Zwiebel daran anschwitzen.

4. Die halbierten, entkernten, gewaschenen und klein geschnittenen Chilischoten dazugeben und kurz mitschwitzen.

5. Die weißen Bohnen, die Kidneybohnen und den Zuckermais hinzufügen und erhitzen. Das Ganze mit Paprikapulver, Kreuzkümmel, Korianderpulver, Salz und Pfeffer kräftig abschmecken.

6. Die Fladen mit der Bohnenmischung füllen, dekorativ anrichten, garnieren und mit Chilicrackern sofort servieren.

Pro Portion: 958 kcal/4024 kJ
48 g E, 15 g F, 143 g KH

Tipp:

Gemüse ist ein unverzichtbarer Bestandteil der gesunden Ernährung. Es liefert neben Vitaminen, Mineralstoffen, Spurenelementen und Ballaststoffen wichtige Nährstoffe, die bestimmte Körperfunktionen günstig beeinflussen. Gemüse ist ein guter Eiweißlieferant und enthält wegen seines hohen Wasseranteiles nur wenig Kalorien.

Menge:
Für 4 Personen:

Schwierigkeit:
leicht

Zubereitungszeit:
30 Minuten

Variation:

Den Kümmel bekommen Sie im Handel als Samen, aber auch als Pulver. Wie bei vielen Gewürzen und Würzkräutern sollten Sie die Samen kaufen und erst kurz vor dem Gebrauch hacken oder zu Pulver vermahlen. Der Kümmelsamen hat einen leicht süßlichen, nicht ganz so scharfen Geschmack wie der Kreuzkümmel. Er ist eher milder. Für deftige Hausmannskost wie Eintöpfe, Suppen und Aufläufe ist er verwendbar. Kümmel ist auch aus der Backstube nicht wegzudenken, besonders bei den deftigeren Brotsorten, dem Bauernbrot oder den verschiedenen Vollkornprodukten ist er fast ein Muss.

Gefülltes Gemüse mit Käse überbacken

ZUTATEN

2 Paprikaschoten
2 große Fleischtomaten
1 Fenchelknolle
1 Kohlrabi
Gemüsebrühe zum Blanchieren
400 g passierte Tomaten

Für die Füllung:
125 g Reis
Salzwasser zum Garen
1 Zwiebel
2 Knoblauchzehen
250 g gemischtes Hackfleisch
1–2 EL Olivenöl
50 g geröstete Pinienkerne
50 g Rosinen
½ Bund glatte Petersilie
½ Bund Pfefferminze
1 TL Paprikapulver rosenscharf
½ TL gemahlener Kreuzkümmel
1 Zweig Thymian
Salz, Pfeffer aus der Mühle

Außerdem:
100 g Raclettekäse
125 g Mozzarellakäse
Kräuterzweige zum Garnieren

Variation:
Satt des Reises können Sie auch Bulgur, Couscous oder Hirse verwenden.

Menge:
Für 4 Personen:

Schwierigkeit:
leicht

Zubereitungszeit:
60 Minuten

ZUBEREITUNG

1. Von den Paprikaschoten eine Haube abschneiden, die Schoten entkernen, waschen und abtropfen lassen. Von den Tomaten eine Haube abschneiden, sie mit einem Teelöffel aushöhlen und abtropfen lassen.

2. Die Fenchelknolle putzen, waschen, eine Haube abschneiden, den Kohlrabi schälen und ebenfalls eine Haube abschneiden.

3. Die Gemüsebrühe zum Kochen bringen. Den Fenchel und den Kohlrabi darin bissfest garen, herausnehmen, gut abtropfen lassen und mit einem Teelöffel aushöhlen.

4. Das Fruchtfleisch fein würfeln und in eine Schüssel geben. Die passierten Tomaten in eine Auflaufform füllen.

5. Den Reis in kochendem Salzwasser bissfest garen, abgießen, abschrecken, gut abtropfen lassen und zum Fruchtfleisch geben.

6. Die Zwiebel und die Knoblauchzehen schälen und fein würfeln. Mit dem Hackfleisch im erhitzten Öl unter ständigem Rühren braten.

7. Mit den Pinienkernen, den Rosinen, den gewaschenen und gehackten Kräutern zur Reismischung geben. Mit Paprikapulver, Kreuzkümmel, Thymian, Salz und Pfeffer würzen und in das Gemüse füllen.

8. Das gefüllte Gemüse in die Auflaufform setzen. Mit dem in Scheiben geschnittenen Raclette- und Mozzarellakäse belegen und im auf 180–200 °C vorgeheizten Backofen 15–20 Minuten garen. Nach Ende der Garzeit das überbackene Gemüse herausnehmen, dekorativ anrichten, mit Kräuterzweigen garnieren und sofort servieren.

Pro Portion: 703 kcal/2953 kJ
31 g E, 40 g F, 45 g KH

Grüne Bohnen mit brauner Einbrenne

ZUTATEN

800 g grüne Bohnen,
Salzwasser zum Garen
einige Zweige Bohnenkraut

Außerdem:
1 TL Butter oder Margarine
1 Zwiebel
2 EL Tomatenmark
500 ml Bohnenkochsud
Salz, Pfeffer aus der Mühle
Muskat, Cayennepfeffer
Essig und Zucker nach Geschmack
dunkler Soßenbinder zum Binden

ZUBEREITUNG

1. Die grünen Bohnen putzen, waschen, gut abtropfen lassen und bereitstellen.

2. Das Salzwasser zum Kochen bringen, das Bohnenkraut dazugeben, kurz ziehen lassen und anschließend die Bohnen darin bissfest garen. Die Bohnen herausnehmen und sofort in Eiswasser legen.

3. Die Butter oder Margarine in einem Topf erhitzen und die geschälte, fein gehackte Zwiebel darin glasig schwitzen.

4. Das Tomatenmark einrühren, das Ganze mit dem Bohnenkochsud aufgießen und aufkochen. Mit Salz, Pfeffer, Muskat und Cayennepfeffer abschmecken.

5. Die Soße je nach Geschmack mit Essig und Zucker süßsauer abrunden und mit dunklem Soßenbinder binden.

6. Die grünen Bohnen in die Soße geben, darin erhitzen, dekorativ anrichten und sofort servieren.

7. Die grünen Bohnen mit brauner Einbrenne passen vorzüglich zu Dampfnudeln und sind als „Freitagsgericht“ sehr beliebt.

Pro Portion: 86 kcal/361 kJ
5 g E, 2 g F, 9 g KH

Variation:
Satt des Bohnenkrautes können Sie auch sehr gut Oregano verwenden.

Oregano:
Partner im Geschmack sind Thymian und Rosmarin sowie das Basilikum. Zusammen mit diesen Kräutern können feine Glasuren und Marinaden zubereitet werden. Oregano erhalten wir im Handel getrocknet, gerebelt oder gemahlen. Verwendet werden nur die Blätter, die Stiele werden entfernt. Oregano kann sowohl für Eintöpfe wie auch für Suppen verwendet werden, wobei hier speziell auch die verschiedenen Soßenzubereitungen zu nennen sind.

Menge:
Für 4 Personen:

Schwierigkeit:
leicht

Zubereitungszeit:
25 Minuten

Bohnenpäckchen mit Frischkäsesoße

ZUTATEN

800 g grüne Bohnen
Gemüsebrühe zum Garen
einige Zweige Bohnenkraut
1 Lorbeerblatt
einige Pfefferkörner
1 Stange Lauch

Für die Soße:
100 g Schalotten
2 Knoblauchzehen
1 TL Butter
100 ml Weißwein
200 ml Gemüsebrühe
200 g Frischkäse (Rahmstufe)
Salz, Pfeffer aus der Mühle
1 Prise Muskat
1 TL geriebene Zitronenschale
Speisestärke zum Binden

Außerdem:
1 Bund Schnittlauch
gebratene Kirschtomaten zum Garnieren

ZUBEREITUNG

1. Die Bohnen verlesen und waschen. Die Gemüsebrühe mit dem Bohnenkraut, dem Lorbeerblatt und den Pfefferkörnern erhitzen und die Bohnen darin bissfest garen.

2. Die Bohnen aus dem Sud nehmen, in Eiswasser abschrecken, abtropfen lassen und kleine Bündel auf eine Arbeitsfläche legen.

3. Den Lauch putzen, waschen, in Streifen schneiden und diese in der Brühe blanchieren. Herausnehmen, gut abtropfen lassen und die Bohnenbündel damit binden.

4. Die Schalotten und den Knoblauch schälen und fein würfeln. Die Butter erhitzen und Schalotten- und Knoblauchwürfel darin anschwitzen.

5. Mit dem Wein ablöschen und die Gemüsebrühe angießen, zum Kochen bringen, den Frischkäse einrühren und schmelzen lassen.

6. Die Soße mit Salz, Pfeffer, Muskat und der geriebenen Zitronenschale würzen und mit etwas angerührter Speisestärke leicht binden.

7. Die Bohnenbündel in der Soße vorsichtig erwärmen, beides dekorativ anrichten, mit frisch geschnittenem Schnittlauch bestreuen, mit gebratenen Kirschtomaten garnieren und mit Kartoffelpüree sofort servieren.

Pro Portion: 262 kcal/1100 kJ
13 g E, 14 g F, 14 g KH

Variation:
Statt der grünen Bohnen können Sie auch sehr gut weiße oder dicke Bohnen verwenden.

Menge:
Für 4 Personen:

Schwierigkeit:
leicht

Zubereitungszeit:
40 Minuten

Blumenkohl-Brokkoli-Pfännchen mit Ingwer

ZUTATEN

600 g Blumenkohlröschen
600 g Brokkoliröschen
Gemüsebrühe zum Garen

Außerdem:
1 EL Butter
1 Zwiebel
2 Knoblauchzehen
1 Stück Ingwerwurzel
1 Chilischote
100 ml Weißwein
200 ml Gemüsebrühe
100 ml süße Sahne
1 EL Curry
1 EL Honig
Salz, Pfeffer aus der Mühle
1 Prise Cayennepfeffer
1 Msp. Kreuzkümmel
200 g Joghurt
2 EL Mandelstifte
2 EL Pinienkerne
Kräuterzweige zum Garnieren

Blumenkohl:
Der wohl bekannteste in unseren Breiten ist der weiße Blumenkohl, jedoch werden jetzt auch gelbgrüne und sogar violette Köpfe angeboten. Blumenkohl ist ganzjährig erhältlich und kann roh oder gegart verzehrt werden. Als Gemüse wird er in Salzwasser mit einem Schuss Essig oder Zitronensaft bissfest gegart.

Menge:
Für 4 Personen:

Schwierigkeit:
leicht

Zubereitungszeit:
40 Minuten

ZUBEREITUNG

1. Die Blumenkohl- und Brokkoliröschen verlesen, waschen, gut abtropfen lassen und in mundgerechte Stücke schneiden.

2. Die Gemüsebrühe in einem Topf erhitzen. Die Röschen darin bissfest garen, herausnehmen, gut abtropfen lassen und warm stellen.

3. Die Butter in einer Pfanne erhitzen. Die Zwiebel und die Knoblauchzehen schälen, fein würfeln, ins Fett geben und glasig schwitzen.

4. Die Ingwerwurzel schälen, grob raspeln, mit der geputzten, halbierten, entkernten, gewaschenen und klein geschnittenen Chilischote zu den Knoblauchzwiebeln geben und kurz mitschwitzen.

5. Den Wein, die Gemüsebrühe und die Sahne angießen und das Ganze einmal kräftig aufkochen lassen.

6. Die Soße mit Curry und Honig würzen, mit Salz, Pfeffer, Cayennepfeffer und Kreuzkümmel kräftig abschmecken.

7. Die Blumenkohl- und Brokkoliröschen in die Soße geben, kurz erhitzen, nochmals abschmecken und dekorativ anrichten.

8. Mit dem Joghurt überziehen, mit Mandelstiften und Pinienkernen bestreuen, mit Kräuterzweigen garnieren und sofort servieren.

Pro Portion: 211 kcal/888 kJ
11 g E, 10 g F, 12 g KH

Brokkoliauflauf mit Bratwurstklößchen

ZUTATEN

500 g Brokkoliröschen
500 g Blumenkohlröschen
500 ml Gemüsebrühe zum Garen
100 g Sahnedickmilch
Saft von 1 Zitrone
heller Soßenbinder zum Binden
einige Tropfen Worcestersoße
Salz, Pfeffer aus der Mühle
1 Prise Muskat
1 Prise Cayennepfeffer
400 g grobe, rohe Bratwürstchen
2 Eier
Semmelbrösel zum Binden
125 g geriebener Butterkäse

ZUBEREITUNG

1. Die Brokkoli- und die Blumenkohlröschen verlesen, waschen und gut abtropfen lassen.

2. Die Gemüsebrühe in einem Topf erhitzen und die Röschen darin bissfest garen. Herausnehmen, gut abtropfen lassen und in eine Auflaufform geben.

3. Die Gemüsebrühe mit der Sahnedickmilch und dem Zitronensaft erhitzen. Das Ganze mit hellem Soßenbinder leicht binden.

4. Die Soße durch ein Sieb streichen, nochmals erhitzen, mit Zitronensaft, Worcestersoße, Salz, Pfeffer, Muskat und Cayennepfeffer kräftig abschmecken.

5. Die Bratwürstchen aus dem Darm in eine Schüssel drücken.

6. Die Eier dazugeben und gut verrühren. Mit Salz, Pfeffer und Muskat würzen und mit Semmelbröseln leicht binden.

7. Aus der Masse Klößchen formen, diese auf dem Gemüse verteilen, mit der Soße überziehen und mit dem geriebenen Butterkäse bestreuen.

8. Den Auflauf in dem auf 180–200 °C vorgeheizten Backofen 25–30 Minuten garen, herausnehmen, dekorativ anrichten, garnieren und sofort servieren.

Pro Portion: 530 kcal/2226 kJ
32 g E, 20 g F, 13 g KH

Variation:

Unser Aflauf schmeckt noch besser, wenn Sie ihn kurz vor dem Servieren noch mit einem Paprika-Relish beträufeln.

Paprika-Relish:

1,2 kg rote, grüne und gelbe Paprikaschoten halbieren, entkernen, waschen, gut abtropfen lassen und in Würfel schneiden. 2 EL Olivenöl erhitzen und die Paprikawürfel darin anschwitzen. 300 ml Gemüsebrühe und 100 ml Schalottenessig angießen und 150 g Zucker einrühren. Das Ganze mit Salz und Pfeffer kräftig würzen und bei kleiner Hitze 20–25 Minuten einkochen lassen. Das Paprika-Relish nachwürzen, erkalten lassen und über den Auflauf träufeln.

Menge:
Für 4 Personen:

Schwierigkeit:
leicht

Zubereitungszeit:
50 Minuten

Gefüllte Zwiebel-auberginen

ZUTATEN

4 kleine Auberginen
Saft von 2 Zitronen
Salz, Pfeffer aus der Mühle
Olivenöl für die Form und zum Braten
5 Zwiebeln
3–4 Knoblauchzehen
1 Bund Petersilie
1 TL gerebelter Oregano
1 TL gerebelter Thymian
30 g Pinienkerne

Für die Soße:
2 Becher Joghurt
2–3 Knoblauchzehen
2 EL Akazienhonig

Außerdem:
Tomatenscheiben und Kräuterzweige zum Garnieren
frisch gehobelter Parmesankäse

Variation:
Statt der Auberginen können Sie auch sehr gut Zucchini oder kleine Kürbisse verwenden.

Menge:
Für 4 Personen:

Schwierigkeit:
leicht

Zubereitungszeit:
60 Minuten

ZUBEREITUNG

1. Die Auberginen putzen, unter fließendem Wasser waschen und mit einem Sparschäler schälen.

2. Die Auberginen halbieren, das Fruchtfleisch mit einem Teelöffel aushöhlen, die Auberginenhälften innen mit Zitronensaft beträufeln, mit Salz und Pfeffer kräftig würzen und in eine ausgefettete Auflaufform setzen.

3. Die Zwiebeln und die Knoblauchzehen schälen und in Scheiben schneiden. Das Olivenöl erhitzen und die Zwiebel- und Knoblauchscheiben darin kurz braten.

4. Die verlesene, gewaschene und fein gehackte Petersilie, den Oregano, den Thymian und die Pinienkerne untermischen und die Masse in die Auberginenhälften füllen, mit Olivenöl beträufeln und in dem auf 180 °C vorgeheizten Backofen 30–35 Minuten garen.

5. Den Joghurt mit den geschälten und fein gehackten Knoblauchzehen und dem Akazienhonig verrühren, mit Salz und Pfeffer kräftig würzen.

6. Die gefüllten Auberginen auf den Tomatenscheiben dekorativ anrichten, mit der Joghurtsoße beträufeln, mit Kräuterzweigen garnieren und mit frisch gehobeltem Parmesankäse bestreut sofort servieren.

Pro Portion: 200 kcal/837 kJ
6 g E, 11 g F, 15 g KH

Garnelen mit Bambussprossen

ZUTATEN

500 g geschälte Garnelenschwänze (TK-Produkt)
einige Tropfen Zitronensaft
einige Tropfen Sojasoße
Salz, Pfeffer aus der Mühle
1 Zwiebel
3 Knoblauchzehen
1 grüne Chilischote
1 Stück Ingwerwurzel
1 TL Korianderkörner
1 EL Sonnenblumenöl
½ Bund Frühlingszwiebeln
200 ml Gemüse- oder Fischbrühe
3 EL süße Chilisoße
2 EL thailändische Fischsoße
Speisestärke zum Binden
1 Glas Bambussprossen
je ½ Bund Basilikum und Koriander

Außerdem:
Basilikum- und Korianderblätter zum Garnieren

Variation:
Statt der Garnelen können Sie auch sehr gut andere Meeresfrüchte oder ein gewürfeltes Fischfilet verwenden.

Menge:
Für 4 Personen:

Schwierigkeit:
leicht

Zubereitungszeit:
30 Minuten

ZUBEREITUNG

1. Die aufgetauten Garnelenschwänze unter fließendem Wasser waschen, trocken tupfen, mit Zitronensaft und Sojasoße beträufeln, mit Salz und Pfeffer würzen und im Kühlschrank mindestens 10 Minuten ziehen lassen.

2. Die Zwiebel und die Knoblauchzehen schälen und fein würfeln. Die Chilischote halbieren, entkernen, waschen und in feine Würfel schneiden.

3. Die Ingwerwurzel schälen, grob raspeln, den Koriander zerdrücken und das Sonnenblumenöl in einem Wok erhitzen.

4. Die Zwiebel, den Knoblauch, die Chili, den Ingwer und den Koriander ins Fett geben und unter ständigem Rühren braten.

5. Die Garnelenschwänze hinzufügen und mitbraten. Die Frühlingszwiebeln putzen, waschen, in Scheiben schneiden, dazugeben und ebenfalls mitbraten.

6. Die Gemüse- oder Fischbrühe angießen und zum Kochen bringen. Die Chilisoße und die thailändische Fischsoße unterrühren und das Ganze mit Zitronensaft, Sojasoße, Salz und Pfeffer kräftig würzen.

7. Die Garnelen mit etwas angerührter Speisestärke leicht binden, die gut abgetropften Bambussprossen unterheben und erhitzen.

8. Die Kräuter verlesen, waschen, fein schneiden und ebenfalls untermischen. Das Ganze bei mäßiger Hitze 4–5 Minuten köcheln lassen.

9. Die Garnelen mit Bambussprossen dekorativ anrichten, mit Basilikum- und Korianderblättern garnieren und sofort servieren.

Pro Portion: 195 kcal/817 kJ
25 g E, 6 g F, 7 g KH

Glasierte Karotten mit Sauce hollandaise

ZUTATEN

800 g Karotten
200 ml Gemüsebrühe
100 ml Weißwein
1 TL Butter oder Margarine
1 EL Zucker
Salz, Pfeffer aus der Mühle
½ Bund Estragon
½ Bund Kerbel

Für die Sauce hollandaise:
4 Eigelb
125 ml Weißwein
Saft von 1 Zitrone
einige Tropfen Worcestersoße
100 g flüssige Butter (handwarm)
1 Prise Cayennepfeffer

Sauce hollandaise:

Die Zubereitung der Sauce hollandaise erfordert etwas Fingerspitzengefühl. Sie wird im heißen Wasserbad schaumig aufgeschlagen und muss sofort serviert werden. Diese Sauce ist der ideale Begleiter von Spargel und vielen zarten Gemüsesorten und passt vorzüglich zu feinen Fleisch- und Fischspeisen. Die Sauce hollandaise kann mit geriebenem Käse, Zitronensaft, Orangensaft, Senf, Wein und Rahm verfeinert oder mit Kräutern und Gewürzen abgerundet werden.

Menge:
Für 4 Personen:

Schwierigkeit:
leicht

Zubereitungszeit:
30 Minuten

ZUBEREITUNG

1. Die Karotten schälen und in Stifte schneiden.

2. Die Gemüsebrühe und den Weißwein in einem Topf erhitzen, die Karotten dazugeben und in dem Sud bissfest garen. Herausnehmen, abtropfen lassen und bereitstellen.

3. Die Butter oder Margarine in einer Pfanne erhitzen und den Zucker darin leicht karamellisieren lassen.

4. Die Karotten in die Pfanne geben und kurz durchschwenken. Mit Salz und Pfeffer würzen.

5. Die verlesenen, gewaschenen, fein gehackten Kräuter unter die Karottenstifte heben und das Ganze warm stellen.

6. Die Eigelbe mit dem Weißwein und dem Zitronensaft in eine feuerfeste Schüssel geben, mit dem Schneebesen verschlagen und mit Worcestersoße aromatisieren.

7. Den Eigelbschaum im Wasserbad oder auf dem Herd zu einer Creme aufschlagen, vom Herd nehmen und die flüssige, handwarme Butter tropfenweise vorsichtig in die Creme einrühren.

8. Die Sauce hollandaise mit Salz, Pfeffer und Cayennepfeffer würzen.

9. Die glasierten Karotten dekorativ anrichten, mit der Sauce hollandaise überziehen, garnieren und sofort servieren.

Pro Portion: 383 kcal/1609 kJ
6 g E, 29 g F, 13,5 g KH

Rosenkohlgemüse mit Maultaschen

ZUTATEN

600 g Rosenkohl
Salzwasser oder Gemüsebrühe zum Garen
12 gefüllte Maultaschen (aus dem Kühlregal)

Außerdem:
50 g durchwachsener, geräucherter Speck
1 TL Butter
2 Schalotten
400 ml Gemüse- oder Geflügelbrühe
100 ml süße Sahne
Speisestärke zum Binden
Salz, Pfeffer aus der Mühle
1 Prise Muskat
1 Prise Cayennepfeffer
einige Tropfen Zitronensaft
einige Tropfen Worcestersoße
1 Bund Petersilie

Variation:
Wenn Sie statt des Speckes gekochten Schinken verwenden, können Sie noch mehr Kalorien sparen.

Menge:
Für 4 Personen:

Schwierigkeit:
leicht

Zubereitungszeit:
40 Minuten

ZUBEREITUNG

1. Den Rosenkohl verlesen, waschen, an den Strünken über Kreuz einschneiden und im kochenden Salzwasser oder in Gemüsebrühe bissfest garen. Herausnehmen, gut abtropfen lassen und warm stellen.

2. Die gefüllten Maultaschen in dem Gemüsesud garen, herausnehmen und warm stellen.

3. Den Speck in feine Würfel schneiden. Die Butter in einer Pfanne erhitzen und den Speck darin auslassen.

4. Die Schalotten schälen, fein würfeln, zum Speck geben und mitschwitzen.

5. Die Gemüse- oder Geflügelbrühe und die Sahne angießen und zum Kochen bringen.

6. Die Soße mit etwas angerührter Speisestärke leicht binden. Mit Salz, Pfeffer, Muskat, Cayennepfeffer, Zitronensaft und Worcestersoße kräftig abschmecken.

7. Den Rosenkohl und die Maultaschen in die Soße geben, fertig garen und nachwürzen.

8. Anschließend dekorativ anrichten, mit der verlesenen, gewaschenen und fein gehackten Petersilie bestreuen und sofort servieren.

Pro Portion: 499 kcal/2095 kJ
21 g E, 23 g F, 44 g KH

Wirsingtopf mit Kartoffeln

ZUTATEN

4 Schalotten
½ Kopf Wirsing
1 TL Erdnussöl
100 g mageres Wammerl (gepökelter, geräucherter, durchwachsener Speck)
1 Süßkartoffel
500 g Kartoffeln
1 l Gemüse- oder Fleischbrühe
2 Lorbeerblätter
je 2 Zweige Rosmarin und Thymian
Salz, Pfeffer aus der Mühle
1 Prise Muskat
1 Prise Cayennepfeffer
200 g Kirschtomaten
Kerbel zum Garnieren

Variation:

Wenn Sie statt des Wammerls gekochten Schinken verwenden, können Sie noch mehr Kalorien sparen.

Menge:
Für 4 Personen:

Schwierigkeit:
leicht

Zubereitungszeit:
40 Minuten

ZUBEREITUNG

1. Die Schalotten schälen und in Würfel schneiden. Den Wirsing putzen, den Strunk herausschneiden, die Blätter waschen, abtropfen lassen und in Stücke oder Streifen schneiden.

2. Das Erdnussöl in einem Topf erhitzen. Das Wammerl würfeln oder in Streifen schneiden, ins Öl geben und anbraten.

3. Die Schalotten, den Wirsing und die geschälten, gewaschenen, gewürfelten Kartoffeln dazugeben und kurz mitschwitzen.

4. Die Brühe angießen und zum Kochen bringen. Die Lorbeerblätter und die Kräuter einlegen, mit Salz, Pfeffer, Muskat und Cayennepfeffer würzen und den Wirsingtopf bei mäßiger Hitze ca. 20 Minuten köcheln lassen.

5. Nach Ende der Garzeit die Lorbeerblätter und die Kräuter aus dem Eintopf nehmen.

6. Die Kirschtomaten waschen, den Strunk herausschneiden, die Tomaten in den Eintopf geben und weitere fünf Minuten ziehen lassen.

7. Den Wirsingtopf kräftig abschmecken, dekorativ anrichten, mit Kerbel garnieren und sofort servieren.

Pro Portion: 298 kcal/1252 kJ
10 g E, 12 g F, 32 g KH

Tomaten:

Es gibt Fleischtomaten – groß und leicht gerippt, Kirschtomaten, die wirklich nur kirschgroß sind, dafür aber süßer als andere, und dazwischen alle möglichen Größen, Tomaten, die an vielbeerigen Fruchtständen hängen, und solche Fruchtstände, die nur zwei oder drei, dafür aber große Früchte ausbilden. Auch eiförmige oder gelbe Früchte werden angebaut. Welche Sorte die richtige ist, ist Geschmackssache.

Gefüllter Kohlrabi mit Hackfleischsoße

ZUTATEN

2 große oder 4 kleine Kohlrabi
Salzwasser oder Gemüsebrühe zum Blanchieren

Für die Füllung:
2 rote Zwiebeln
1 TL Olivenöl
5 Tomaten
½ Bund Petersilie
Salz, Pfeffer aus der Mühle
1 Prise Cayennepfeffer
50 g frisch geriebener Parmesankäse
150 g geriebener Gratinkäse
Olivenöl für das Blech

Für die Soße:
1 Zwiebel
2 Knoblauchzehen
1 TL Olivenöl
250 g Rinderhack
200 ml Gemüse- oder Fleischbrühe
100 ml süße Sahne
1 TL italienische Kräutermischung

Außerdem:
Kresse zum Garnieren

Menge:
Für 4 Personen:

Schwierigkeit:
leicht

Zubereitungszeit:
40 Minuten

ZUBEREITUNG

1. Den Kohlrabi putzen, schälen, in Scheiben schneiden und in Salzwasser oder Brühe blanchieren, herausnehmen und bereitstellen.

2. Die Zwiebeln schälen, halbieren und in feine Scheiben schneiden. Das Olivenöl erhitzen, die Zwiebeln dazugeben und kurz dünsten.

3. Die Tomaten enthäuten, entkernen und in Würfel schneiden. Mit der gewaschenen, klein geschnittenen Petersilie zu den Zwiebeln geben und kurz mitschwitzen. Mit Salz, Pfeffer und Cayennepfeffer würzen, vom Herd nehmen, leicht erkalten lassen und den Parmesankäse einrühren.

4. Zwei Drittel der Kohlrabischeiben mit der Tomatenmasse belegen, je zwei Scheiben übereinandersetzen und mit den restlichen Kohlrabischeiben abdecken.

5. Die Kohlrabitürmchen auf ein mit Olivenöl ausgefettetes Backblech setzen, mit dem Gratinkäse bestreuen und im auf 180 °C vorgeheizten Backofen 20–25 Minuten garen.

6. Für die Soße die Zwiebel und die Knoblauchzehen schälen und in feine Würfel schneiden. Das Olivenöl erhitzen und das Rinderhack darin unter ständigem Rühren braten.

7. Die Zwiebel und den Knoblauch dazugeben und mitbraten. Die Gemüse- oder Fleischbrühe und die Sahne angießen, mit der italienischen Kräutermischung, Salz, Pfeffer und Cayennepfeffer würzen und 10–15 Minuten köcheln lassen.

8. Die gefüllten Kohlrabi mit der Soße dekorativ anrichten, mit der verlesenen, gewaschenen Kresse garnieren und sofort servieren.

Pro Portion: 454 kcal/1907 kJ
32 g E, 29 g F, 10 g KH

Süssscharfe Kürbisröllchen

ZUTATEN

1 Packung Frühlingsrollenteig (TK-Produkt)

Für die Füllung:
1 große Zwiebel
1 Karotte
1 TL Olivenöl
150 ml Gemüsebrühe
1 Glas süßsauer eingelegter Kürbis (320 g Abtropfgewicht)
1 EL Honig
1 TL Sambal Oelek
1 EL Crème fraîche
Salz

Außerdem:
1 Ei, Fett zum Frittieren
Salatblätter, Petersilie und Chilischoten zum Garnieren

Tipp:
Sehr fein wird die Füllung, wenn Sie noch frisch geriebenen Ingwer dazugeben.

ZUBEREITUNG

1. Den Frühlingsrollenteig auftauen lassen und auf einer bemehlten Arbeitsfläche auslegen.

2. Die Zwiebel und die Karotte schälen, in feine Würfel schneiden und im erhitzten Öl anschwitzen.

3. Die Gemüsebrühe angießen und das Gemüse weich dünsten.

4. Den gut abgetropften Kürbis, den Honig, das Sambal Oelek und die Crème fraîche dazugeben. Mit Salz würzen und solange dünsten, bis die Flüssigkeit verdampft ist.

5. Die Masse vom Herd nehmen, abkühlen lassen und auf den Teigstücken verteilen.

6. Das Ei mit etwas Salz verrühren, die Teigränder damit bestreichen und den Teig zu Röllchen formen.

7. Fett in einem großen Topf auf 160 °C erhitzen und die Kürbisröllchen darin goldbraun frittieren. Herausnehmen und auf Küchenkrepp abtropfen lassen.

8. Die Kürbisröllchen dekorativ anrichten, mit Salatblättern, Petersilie und Chilischoten garnieren und mit Chilisoße sofort servieren.

Pro Portion: 326 kcal/1369 kJ
8 g E, 15 g F, 42 g KH

Menge:
Für 4 Personen:

Schwierigkeit:
leicht

Zubereitungszeit:
30 Minuten

Ingwer:
Achten Sie beim Einkauf des Ingwers, vor allen Dingen des Ingwerpulvers, darauf, dass Sie eine erstklassige Qualität bekommen, denn sonst kann es sehr leicht sein, dass der Ingwer Ihnen zuviel Schärfe in Ihr Gericht bringt. Besonders der Jamaikaingwer hat ein sehr feines Aroma.

Gebackene Rote Bete

ZUTATEN

600 g Rote Bete
1 EL Butter
100 ml Weißwein
Salz, Pfeffer aus der Mühle

Für den Teig:
100 g Mehl
100 g Speisestärke
250 ml Weißwein
4 Eigelb
Salz, 1 Prise Zucker
4 Eiweiß
Öl zum Ausbacken

Für den Dip:
200 g Sauerrahm
1 Röhrchen Kapern
4–5 Sardellenfilets
½ Bund Frühlingszwiebeln
½ Bund Dill
Saft von 1 Limette
1 kleine rote Paprikaschote

Für die Soße:
200 ml Gemüsebrühe
50 ml Apfelessig
2–3 EL Honig

Außerdem:
Kresse zum Garnieren

Menge:
Für 4 Personen:

Schwierigkeit:
leicht

Zubereitungszeit:
40 Minuten

ZUBEREITUNG

1. Die Rote Bete unter fließendem Wasser waschen, schälen und in 1 cm dicke Scheiben schneiden.

2. Die Butter in einer Pfanne erhitzen. Die Rote-Bete-Scheiben darin kurz anschwitzen, mit Weißwein ablöschen, mit Salz und Pfeffer würzen und 5–6 Minuten dünsten. Die Rote Bete vom Herd nehmen und vollständig erkalten lassen.

3. Das Mehl mit der Speisestärke, dem Weißwein und den Eigelben in einer Schüssel glatt rühren.

4. Mit Salz und Zucker leicht würzen und die steif geschlagenen Eiweiße vorsichtig darunterheben.

5. Die Rote-Bete-Scheiben durch den Teig ziehen und im schwimmenden Fett goldgelb ausbacken. Herausnehmen und warm stellen.

6. Den Sauerrahm in eine Schüssel geben. Die gut abgetropften Kapern, die gewaschenen und fein gehackten Sardellenfilets dazugeben.

7. Die Frühlingszwiebeln und den Dill verlesen, waschen und fein schneiden. Mit dem Limettensaft zum Sauerrahm geben.

8. Die Paprikaschote halbieren, entkernen, waschen, in feine Würfel schneiden und zur Creme geben. Mit Salz und Pfeffer würzen.

9. Für die Soße die Gemüsebrühe mit dem Apfelessig und dem Honig einmal kräftig aufkochen lassen.

10. Anschließend auf heiße Teller geben. Die gebackenen Rote-Bete-Scheiben einsetzen, mit dem Sauerrahmdip überziehen, mit Kresse garnieren und mit einem bunten Salat mit Champignons sofort servieren.

Pro Portion: 492 kcal/2066 kJ
14 g E, 14 g F, 59 g KH

Zwiebeln im Bierteig

ZUTATEN

12 mittelgroße Zwiebeln
Salzwasser zum Garen

Für den Bierteig:
150 g Mehl
150 g Speisestärke
250 ml dunkles Bier
2 Eigelb
1 TL Paprikapulver edelsüß
1 Msp. Cayennepfeffer
1 TL Salz
1 Prise Zucker
2 Eiweiß
Fett zum Ausbacken

Für den Paprikadip:
200 g Frischkäse
50 ml Milch
1 kleine rote Paprikaschote
1 Bund Schnittlauch
Salz, Pfeffer aus der Mühle
1 Prise Cayennepfeffer

Für den Roquefortdip:
100 g Roquefortkäse
150 g Sahnedickmilch
einige Tropfen Zitronensaft
einige Tropfen Worcestersoße

Außerdem:
Chicorée, Spinatblätter, Tomatenscheiben, Frühlingszwiebeln und Kräuterzweige zum Garnieren

ZUBEREITUNG

1. Die Zwiebeln schälen, in kochendem Salzwasser 6–8 Minuten garen, herausnehmen und gut abtropfen lassen.

2. Das Mehl mit der Speisestärke, dem Bier, den Eigelben, dem Paprikapulver, dem Cayennepfeffer, dem Salz und dem Zucker in einer Schüssel zu einem glatten Teig verrühren.

3. Die Eiweiße zu steifem Schnee schlagen und vorsichtig unter den Teig heben.

4. Die Zwiebeln durch den Teig ziehen und im schwimmenden Fett goldgelb ausbacken. Herausnehmen und warm stellen.

5. Für den Paprikadip den Frischkäse mit der Milch in einer Schüssel glatt rühren.

6. Die Paprikaschote halbieren, entkernen, waschen und sehr fein würfeln. Mit dem verlesenen, gewaschenen und fein geschnittenen Schnittlauch unter den Frischkäse ziehen. Mit Salz, Pfeffer und Cayennepfeffer würzen.

7. Für den Roquefortdip den Roquefortkäse mit der Sahnedickmilch in einer Schüssel verrühren. Mit Zitronensaft, Worcestersoße, Salz und Pfeffer abschmecken.

8. Chicoréeschiffchen, Spinatblätter und Tomatenscheiben auf Tellern dekorativ anrichten.

9. Die frittierten Zwiebeln auf die Tomaten setzen, mit Frühlingszwiebelscheiben bestreuen, mit Kräuterzweigen garnieren und mit den Dips sofort servieren.

Pro Portion: 587 kcal/2465 kJ
20 g E, 22 g F, 67 g KH

Menge:
Für 4 Personen:

Schwierigkeit:
leicht

Zubereitungszeit:
40 Minuten

Gefüllter Lauch auf Tomatensoße

ZUTATEN

2 dicke Stangen Lauch
Salzwasser oder Gemüsebrühe zum Garen

Für die Füllung:
400 g Frischkäse (Rahmstufe)
2 Eigelb
50 g gemischte, frische Kräuter (Schnittlauch, Petersilie, Basilikum, Zitronenmelisse)
Salz, Pfeffer aus der Mühle
1 Prise Muskat
1 Prise Cayennepfeffer

Für die Soße:
1 EL Olivenöl
2 rote Zwiebeln
2 EL Tomatenmark
800 g Tomaten
je einige Zweige Rosmarin und Basilikum
1 Prise Zucker

ZUBEREITUNG

1. Den Lauch putzen, die Wurzelenden und die oberen Blätter abschneiden.

2. Salzwasser oder Gemüsebrühe in einem Topf zum Kochen bringen und den Lauch darin fünf Minuten garen. Herausnehmen, gut abtropfen lassen und der Länge nach so aufschneiden, dass die Blätter noch zusammenhängen.

3. Für die Füllung den Frischkäse mit den Eigelben, den verlesenen, gewaschenen und fein geschnittenen Kräutern in einer Schüssel verrühren. Mit Salz, Pfeffer, Muskat und Cayennepfeffer kräftig würzen und den Lauch damit füllen.

4. Für die Soße das Olivenöl in einer Pfanne erhitzen. Die Zwiebeln schälen, fein würfeln, ins Öl geben und glasig schwitzen, das Tomatenmark einrühren.

5. Die Tomaten enthäuten, entkernen, in Würfel schneiden, zu den Zwiebeln geben und kurz mitschwitzen.

6. Die Kräuter verlesen, waschen, klein schneiden und zu den Tomaten geben. Mit Salz, Pfeffer, Cayennepfeffer und Zucker würzen und in eine Auflaufform füllen.

7. Die gefüllten Lauchstücke einsetzen und im auf 200 °C vorgeheizten Backofen 20 Minuten garen. Nach Ende der Garzeit den gefüllten Lauch dekorativ anrichten und sofort servieren.

Pro Portion: 378 kcal/1588 kJ
21 g E, 24 g F, 15 g KH

Variation:
Statt des Lauches können Sie auch sehr gut Chicorée verwenden.

Chicorée:
Der bittere Geschmack wird genommen, schneidet man an der Chicoréestaude zuerst einen Kegel an der unteren Schnittfläche heraus. Chicorée sollte vor der Zubereitung in lauwarmem Wasser mit einem Schuss Milch gewaschen werden. Dadurch werden ihm die Bitterstoffe entzogen.

Menge:
Für 4 Personen:

Schwierigkeit:
leicht

Zubereitungszeit:
40 Minuten

Nudelauflauf mit Lachs

ZUTATEN

250 g breite Bandnudeln
Salzwasser zum Garen
einige Tropfen Olivenöl
1 kleiner Kopf Brokkoli
500 g Karotten
Gemüsebrühe zum Blanchieren
450 g Lachsfilet (TK-Produkt)
einige Tropfen Zitronensaft
Salz, Pfeffer aus der Mühle
einige Tropfen Worchestersoße
Fett für die Form

Außerdem:
200 ml Milch
200 g Kräuterschmelzkäse light
2 Schalotten
1 Knoblauchzehe
Basilikumblättchen zum Garnieren

Variation:
Mit Gemüse können Sie jeden Auflauf verfeinern. Zum Lachsfilet passen sehr gut Karotten, Sellerie und grüne Erbsen aber auch Zucchini und Auberginen.

Menge:
Für 4 Personen:

Schwierigkeit:
leicht

Zubereitungszeit:
40 Minuten

ZUBEREITUNG

1. Die Bandnudeln im Salzwasser mit dem Olivenöl bissfest garen, abgießen, abschrecken, gut abtropfen lassen und bereitstellen.

2. Den Brokkoli putzen und waschen, die Karotten schälen. Brokkoli und Karotten klein schneiden.

3. Die Gemüsebrühe in einem Topf zum Kochen bringen, das Gemüse darin sortenweise blanchieren, herausnehmen und abtropfen lassen.

4. Den aufgetauten Lachs unter fließendem Wasser waschen, trocken tupfen, in Scheiben schneiden und mit Zitronensaft und Worcestersoße beträufeln. Mit Salz und Pfeffer würzen und im Kühlschrank 10–15 Minuten ziehen lassen.

5. Eine Auflaufform ausfetten und schichtweise Nudeln, Gemüse und Fisch einfüllen.

6. Die Milch mit dem Kräuterschmelzkäse in einer Schüssel glatt rühren.

7. Die Schalotten und den Knoblauch schälen, fein hacken und zu der Kräutermilch geben.

8. Den Auflauf mit der Kräutermilch übergießen und in dem auf 180–200 °C vorgeheizten Backofen 30 Minuten abgedeckt garen, aufdecken und 10–15 Minuten weitergaren.

9. Nach Ende der Garzeit den Auflauf herausnehmen, dekorativ anrichten, mit Basilikumblättchen garnieren und sofort servieren.

Pro Portion: 700 kcal/2940 kJ
41 g E, 30 g F, 56 g KH

Tomatenzander

ZUTATEN

4 küchenfertige Zanderfilets (à 150–180 g)
einige Tropfen Zitronensaft
einige Tropfen Worcestersoße
Salz
weißer Pfeffer aus der Mühle
1 EL Olivenöl
1 Zwiebel
1 TL Olivenöl
1 Dose Pizzatomaten (400 g)
½ Bund Basilikum

Menge:
Für 4 Personen:

Schwierigkeit:
leicht

Zubereitungszeit:
35 Minuten

ZUBEREITUNG

1. Die Zanderfilets waschen, trocken tupfen, mit Zitronensaft und Worcestersoße beträufeln, mit Salz und Pfeffer würzen und im Kühlschrank 10 Minuten ziehen lassen.

2. Die Zanderfilets mit Olivenöl bepinseln und im vorgeheizten Backofen bei guter Oberhitze grillen.

3. Für die Soße die Zwiebel schälen und fein würfeln. Das Olivenöl in einer Pfanne erhitzen und die Zwiebel darin anschwitzen.

4. Die Pizzatomaten angießen und einmal aufkochen lassen. Mit Salz und Pfeffer kräftig abschmecken.

5. Das Basilikum verlesen, waschen, in Streifen schneiden und zum Schluss unter die Soße mischen.

6. Die Soße auf heißen Tellern anrichten, die Zanderfilets darauflegen und mit einem Zucchini-Artischocken-Gemüse servieren.

Pro Portion: 238 kcal/1000 kJ
41 g E, 5 g F, 3 g KH

Kabeljau im Gemüsebett

(ohne Abbildung)

ZUTATEN

8 Kabeljaufilets (à 100 g)
einige Tropfen Zitronensaft
einige Tropfen Worcestersoße
Salz, Pfeffer aus der Mühle
1 EL Olivenöl
1 Zwiebel
2 Knoblauchzehen
2 Karotten
4 Tomaten
50 ml Weißwein
125 ml Gemüse- oder Fischbrühe
400 g Blattspinat (frisch oder TK-Produkt)
1 Prise Ingwerpulver
Zitronenscheiben und Dillzweige zum Garnieren

ZUBEREITUNG

1. Die küchenfertigen Kabeljaufilets unter fließendem Wasser waschen und trocken tupfen.

2. Die Kabeljaufilets mit Zitronensaft und Worcestersoße beträufeln, mit Salz und Pfeffer würzen und im Kühlschrank 10 Minuten ziehen lassen.

3. Das Olivenöl in einer Pfanne erhitzen, die Fischfilets darin braten, herausnehmen und warm stellen.

4. Die Zwiebel und die Knoblauchzehen schälen, in Spalten schneiden, mit den geputzten und in Scheiben geschnittenen Karotten ins verbliebene Bratfett geben und anschwitzen.

5. Die Tomaten waschen, den Strunk entfernen, die Tomaten vierteln, zu den Karotten geben und mitschwitzen.

6. Mit Weißwein ablöschen, mit der Brühe aufgießen und das Ganze bei mäßiger Hitze fünf Minuten köcheln lassen.

7. Den verlesenen, gewaschenen oder aufgetauten Spinat hinzufügen und kurz dünsten. Mit Salz, Pfeffer, Zitronensaft, Worcestersoße und Ingwer kräftig abschmecken.

8. Das Gemüse auf einer heißen Platte anrichten, die Kabeljaufilets darauflegen, mit Zitronenscheiben und Dillzweigen garnieren und sofort servieren.

Pro Portion: 245 kcal/1029 kJ
40 g E, 4 g F, 4 g KH

Menge:
Für 4 Personen:

Schwierigkeit:
leicht

Zubereitungszeit:
35 Minuten

Spaghetti mit Garnelen und Blutorangen

ZUTATEN

300 g Spaghetti
Salzwasser zum Garen
einige Tropfen Olivenöl

Außerdem:
1 TL Olivenöl
1 Zwiebel
2 Knoblauchzehen
1 rote Chilischote
je 1 rote und grüne Paprikaschote
250 g geschälte Garnelenschwänze
2 Blutorangen
250 ml Gemüse- oder Fischbrühe
Salz, Pfeffer aus der Mühle
1 Prise Cayennepfeffer
1 Prise Zucker
1 Bund Basilikum

Variation:
Statt der Garnelen können Sie auch geräucherten Aal oder Makrelen verwenden.

ZUBEREITUNG

1. Die Spaghetti im Salzwasser mit dem Olivenöl bissfest garen, abgießen, abschrecken und gut abtropfen lassen.

2. Das Olivenöl in einer Pfanne erhitzen. Die Zwiebel und die Knoblauchzehen schälen, fein würfeln, ins Fett geben und glasig schwitzen.

3. Die Chilischote und die Paprikaschoten halbieren, entkernen, waschen, gut abtropfen lassen, in feine Streifen schneiden, zu den Knoblauchzwiebeln geben und kurz mitbraten. Die Garnelenschwänze hinzufügen und mitbraten.

4. Die Blutorangen großzügig schälen, in Scheiben schneiden, mit der Gemüse- oder Fischbrühe zu den Garnelen geben und das Ganze 4–5 Minuten köcheln lassen.

5. Die Soße mit Salz, Pfeffer, Cayennepfeffer und Zucker kräftig abschmecken. Die Spaghetti dazugeben, durchschwenken, erhitzen und das Ganze nochmals kräftig nachwürzen.

6. Das verlesene, gewaschene und fein geschnittene Basilikum untermischen.

7. Die Spaghetti mit Garnelen und Blutorangen dekorativ anrichten, mit Basilikum garnieren und sofort servieren.

Pro Portion: 391 kcal/1642 kJ
22 g E, 4 g F, 62 g KH

Menge:
Für 4 Personen:

Schwierigkeit:
leicht

Zubereitungszeit:
35 Minuten

Brühe:
Fleischbrühe kann aus Suppenfleisch, einigen Markknochen oder aus einem Suppenhuhn und Gewürzen, eine Gemüsebrühe aus Suppengemüse wie z. B. Sellerie, Karotten, Lauch, Petersilienwurzeln usw. auf Vorrat gekocht und eingefroren werden. Aus Wasser und Instant-Suppenwürze können Sie lecker schmeckende Brühen für Suppen aller Art zubereiten. Diese Würzen gibt es als Gemüsebrühe, Fleischbrüheextrakt, klare Fleischbrühe, gekörnte Brühe oder Hühnerbrühe in erstklassiger Qualität zu kaufen.

Spaghetti mit Schinkentomaten und Mozzarella

ZUTATEN

250 g Spaghetti
Salzwasser zum Garen
einige Tropfen Olivenöl

Außerdem:
1 TL Olivenöl
50 g gekochter Schinken
1 Zwiebel
2 Knoblauchzehen
4 Tomaten
75 g Kapern
100 ml Weißwein
Salz, Pfeffer aus der Mühle
1 Prise Cayennepfeffer
1 Prise Zucker
150 g Mozzarella
1 Bund Basilikum

ZUBEREITUNG

1. Die Spaghetti im Salzwasser mit dem Olivenöl bissfest garen, abgießen, abschrecken und gut abtropfen lassen.

2. Das Olivenöl in einer Pfanne erhitzen. Den in feine Würfel geschnittenen Schinken dazugeben und anschwitzen.

3. Die Zwiebel und die Knoblauchzehen schälen, in feine Würfel schneiden, zum Schinken geben und kurz mitbraten.

4. Die Tomaten enthäuten, entkernen, in Würfel schneiden, mit den gut abgetropften Kapern zu den Schinkenzwiebeln geben und kurz erhitzen.

5. Den Weißwein angießen, die Spaghetti hinzufügen und durchschwenken. Mit Salz, Pfeffer, Cayennepfeffer und Zucker würzen.

6. Den Mozzarella in Würfel schneiden, dazugeben, durchschwenken und erhitzen.

7. Die Spaghetti mit Schinkentomaten dekorativ anrichten, mit Basilikumblättchen garnieren und sofort servieren.

Pro Portion: 516 kcal/2167 kJ
20 g E, 16 g F, 63 g KH

Variation:
Statt des Mozzarellas können Sie auch Feta-Käse verwenden.

Menge:
Für 4 Personen:

Schwierigkeit:
leicht

Zubereitungszeit:
35 Minuten

Spargel-Reis-Pfanne mit Schweinefilet

ZUTATEN

2 Kochbeutel Spitzen-Langkornreis
Salzwasser oder Gemüsebrühe zum Garen
300 g Schweinefilet
Salz, Pfeffer aus der Mühle
1 TL Olivenöl
2 Zwiebeln
2 Knoblauchzehen
je 1 rote und gelbe Paprikaschote
½ Bund Frühlingszwiebeln
400 g bissfest gegarter, weißer Spargel
1 Prise Cayennepfeffer
1 Prise Zucker
einige Tropfen Zitronensaft
einige Tropfen Worcestersoße

Reis kochen:

Die Kunst, Reis richtig zu kochen, verlangt Fingerspitzengefühl. Er soll weiß, trocken und körnig auf den Tisch kommen. Wählen Sie deshalb für Beilagen harte Reissorten wie z. B. Langkornreis. Rundkornreis ist für Milchreis oder Risotto geeignet. Da Reis beim Kochen stark aufquillt, rechnet man als Beilage pro Person 50–60 g Reis, für ein Hauptgericht etwa 100 g Reis. Besonders körnig wird Reis, wenn er vor dem Kochen gründlich gewaschen wird, um alle anhaftenden Stärketeilchen zu entfernen.

Menge:
Für 4 Personen:

Schwierigkeit:
leicht

Zubereitungszeit:
40 Minuten

ZUBEREITUNG

1. Den Reis im Salzwasser oder in der Gemüsebrühe bissfest garen, abgießen, abschrecken und gut abtropfen lassen.

2. Das Schweinefilet unter fließendem Wasser waschen, trocken tupfen, in Scheiben schneiden, mit Salz und Pfeffer würzen.

3. Das Olivenöl in einer Pfanne erhitzen, das Fleisch darin unter ständigem Rühren braten, herausnehmen und warm stellen.

4. Die Zwiebeln und die Knoblauchzehen schälen. Die Zwiebeln in Streifen, den Knoblauch in Scheiben schneiden, ins verbliebene Bratfett geben und anschwitzen.

5. Die Paprikaschoten halbieren, entkernen, waschen, gut abtropfen lassen, in Streifen schneiden, zu den Knoblauchzwiebeln geben und kurz mitbraten.

6. Die geputzten Frühlingszwiebeln waschen und klein schneiden, hinzufügen und dünsten.

7. Den Spargel in mundgerechte Stücke schneiden und zum Gemüse geben. Mit Salz, Pfeffer, Cayennepfeffer, Zucker, Zitronensaft und Worcestersoße abschmecken und das Ganze bei mäßiger Hitze 4–5 Minuten dünsten.

8. Den Reis und das Fleisch untermischen, erhitzen, aber nicht mehr kochen lassen.

9. Die Spargel-Reis-Pfanne nachwürzen, dekorativ anrichten und sofort servieren.

Pro Portion: 280 kcal/1176 kJ
20 g E, 7 g F, 30 g KH

Bunte Kartoffelpfanne

ZUTATEN

1 kg Kartoffeln
Salzwasser zum Garen
je 300 g Karotten und Rosenkohl
Gemüsebrühe zum Garen
1 EL Butterschmalz
2 Zwiebeln
4 Paar Wiener Würstchen
Salz, Pfeffer aus der Mühle
1 Prise Cayennepfeffer
einige Zweige Rosmarin
1 Bund Petersilie
Kräuterzweige zum Garnieren

ZUBEREITUNG

1. Die Kartoffeln unter fließendem Wasser abbürsten, mit dem Salzwasser in einem Topf zum Kochen bringen und in 20 Minuten garen.

2. Die Kartoffeln abgießen, pellen, erkalten lassen und in Scheiben schneiden.

3. Die Karotten schälen, halbieren und in feine Scheiben schneiden. Den Rosenkohl putzen, waschen und halbieren.

4. Die Gemüsebrühe in einem Topf zum Kochen bringen. Das Gemüse darin sortenweise bissfest garen, herausnehmen, abtropfen lassen und warm stellen.

5. Das Butterschmalz in einer Pfanne erhitzen und die Kartoffeln darin rösten.

6. Die Zwiebeln schälen und in Scheiben schneiden, zu den Kartoffeln geben und mitbraten.

7. Die in Scheiben geschnittenen Würstchen mit den Karotten und dem Rosenkohl zu den Kartoffeln geben und braten. Mit Salz, Pfeffer und Cayennepfeffer würzen.

8. Den Rosmarin und die Petersilie verlesen, waschen, abtropfen lassen, fein schneiden und unter die Kartoffelpfanne heben.

9. Die Kartoffelpfanne dekorativ anrichten, mit Kräuterzweigen garnieren und sofort servieren.

Pro Portion: 338 kcal/1420 kJ
10 g E, 10 g F, 48 g KH

Variation:
Ganz besonders lecker wird unser Kartoffelpfanne, wenn Sie noch etwas fein gehackten Knoblauch dazugeben.

Menge:
Für 4 Personen:

Schwierigkeit:
leicht

Zubereitungszeit:
40 Minuten

Knoblauch:
Als Gewürz sucht der Knoblauch seinesgleichen und ist aus der Küche der Welt nicht mehr wegzudenken, ob in Südamerika, in Asien oder in Europa, selbst in den entferntesten Gegenden der Welt wird der Knoblauch verwendet. Für unsere Küche sollten Sie die frischen Zehen zuerst schälen, dann hacken und mit etwas Salz zerreiben. Durch dieses Zerreiben mit Salz verflüchtigen sich einige ätherische Öle, die vor allem beim Verzehr, speziell danach, über die Haut wieder ausgeschieden werden. Diese ätherischen Öle sind auch der Grund, dass soviele Menschen den doch sehr gesunden und feinen Knoblauchgeschmack nicht wünschen.

Spargel mit Rinderfilet aus dem Wok

ZUTATEN

1 kg Spargel
Salzwasser zum Garen
1 Stück unbehandelte Zitrone
1 EL Butter

Außerdem:
500 g Rinderfilet
Salz, Pfeffer aus der Mühle
1 TL Sonnenblumenöl zum Braten
1 Karotte
½ Knolle Sellerie
1 Stange Lauch
200 ml Spargelfond
50 ml süße Chilisoße
2–3 EL Sojasoße
2 EL Honig
Saft von ½ Limette
Chilistreifen und Basilikumblättchen zum Garnieren

Variation:
Statt des Rinderfilets können Sie auch Schweinefilet, Hähnchenbrustfilet oder Putenschnitzel verwenden.

ZUBEREITUNG

1. Den Spargel schälen, die unteren Enden abschneiden und die Spargelstangen halbieren.

2. Reichlich Salzwasser in einem Topf erhitzen, ein Stück Zitrone und die Butter hineingeben und den Spargel darin bissfest garen.

3. Das Rinderfilet unter fließendem Wasser waschen, gut trocken tupfen, in Streifen schneiden und mit Salz und Pfeffer kräftig würzen.

4. Das Öl in einem Wok erhitzen und das Fleisch kurz braten, herausnehmen und bereitstellen.

5. Die Karotte und den Sellerie schälen und in feine Streifen schneiden. Den Lauch putzen, waschen und in feine Streifen schneiden.

6. Das Gemüse im verbliebenen Bratfett anschwitzen, mit dem Spargelfond, der Chilisoße, der Sojasoße, dem Honig und dem Limettensaft aufgießen und einmal aufkochen lassen.

7. Den fertigen Spargel abgießen, gut abtropfen lassen, mit dem Fleisch zu dem Gemüse geben und erhitzen.

8. Das Ganze auf Tellern dekorativ anrichten, mit Chilistreifen und Basilikumblättchen garnieren und sofort servieren.

Pro Portion: 318 kcal/1336 kJ
36 g E, 11 g F, 14 g KH

Menge:
Für 4 Personen:

Schwierigkeit:
leicht

Zubereitungszeit:
35 Minuten

Pfeffer:
Der Pfeffer ist neben den vielen Gewürzen eigentlich das gebräuchlichste, das in unserer Küche verarbeitet wird. Je nach Schärfegrad und Art des verwendeten Pfeffers kann er in alle Gerichte von süß bis salzig aufgenommen werden. Pfeffer dient in erster Linie zum Abrunden; grundsätzlich sollten Sie den schwarzen Pfeffer eher für kräftigere Soßen, den weißen dagegen für feinere verwenden. Grüne Pfefferkörner werden zum Marinieren und Einreiben wie auch als Basisgewürz für Soßen und Suppen eingesetzt.

Register

Register

Impressum

Die Ratschläge in diesem Buch wurden vom Verfasser und vom Verlag sorgfältig erwogen und geprüft, dennoch kann eine Garantie nicht übernommen werden. Für falsche, fehlende oder unrichtig widergegebene Daten sowie jedwedem falschen Gebrauch wird die Haftung ausgeschlossen.

garant Verlag GmbH
Benzstraße 56
71272 Renningen
www.garant-verlag.de

ISBN 978–3–7359–1361–6